David Weber

Sport und Integration

Welche Rolle kann Sport
im Integrationsverlauf spielen?

Diplomica® Verlag GmbH

Weber, David: Sport und Integration. Welche Rolle kann Sport im Integrationsverlauf spielen?, Hamburg, Diplomica Verlag GmbH 2008

ISBN: 978-3-8366-6190-4
Druck Diplomica® Verlag GmbH, Hamburg, 2008

Bibliografische Information der Deutschen Bibliothek
Die Deutsche Bibliothek verzeichnet diese Publikation in der Deutschen
Nationalbibliografie;
detaillierte bibliografische Daten sind im Internet über
<http://dnb.ddb.de> abrufbar.

© Diplomica Verlag GmbH
http://www.diplomica.de, Hamburg 2008
Printed in Germany

Inhaltsverzeichnis

1. Einleitung

Auch 30 Jahre nach dem Anwerbestopp ist es für die „klassischen Arbeitsmigranten" und ihre Familien noch immer sehr schwierig an den zentralen gesellschaftlichen Gütern und Positionen teilzuhaben. Sicherlich haben sich die Abstände gerade in der Generationenfolge deutlich verringert, dennoch besteht nach wie vor eine Kluft zwischen Anspruch und Wirklichkeit.

Eine große Ausnahme scheint hierbei der Sport zu sein: Fußballer, Boxer, Handballer und viele andere Sportler in den unterschiedlichsten Sportarten ernten als „Arbeitsmigranten" hohen gesellschaftlichen Respekt und Sympathie. Zumindest im Falle von Profisportlern spielen die klassischen Integrationshürden: Sprache, kulturelle Kompetenzen und Kenntnisse oder auch gesellschaftliche Diskriminierung, scheinbar keine Rolle. Anerkennung und Positionierung erfolgen alleine durch sportliche Leistung.

Ähnliches gilt möglicherweise auch auf Amateur- und Freizeitsportebene. Deshalb wird in diesem Buch untersucht welche Rolle Sport im Integrationsverlauf von Migranten spielen kann.

Dazu werde ich zunächst einen kurzen Blick auf die Lebenslagen von Migranten zu werfen, um zu verdeutlichen wie die Situation von Migranten in Deutschland insgesamt einzuschätzen ist.

Darauf aufbauend erfolgt dann eine Darstellung des Integrationsverlaufs, wie er in der Theorie Hartmut Essers beschrieben wird. Dabei wird, ohne zu viel vorweg zu nehmen, deutlich, dass der Erwerb relevanter „Kapitalien" (Sprache, Bildung, etc.) von zentraler Bedeutung ist.
Dies wird in der Praxis aber oft durch gesellschaftliche Integrationsbarrieren erschwert.

Danach wird der Sport mit allen seinen Facetten im Fokus stehen.

Zunächst wird die Besonderheit des Funktionssystems Sport und die mögliche Bedeutung von Sport für die Integration von Migranten erläutert.

Dann stelle ich die Bedeutung von Sport für Gesellschaft und Individuum auf Basis des aktuellen soziologischen Forschungsstandes dar.

Es folgt eine Untersuchung, welchen Einfluss Sport auf die Sozialisation von Menschen hat und welche Chancen auf gesellschaftliche Integration der (Wettkampf-) Sport eröffnen kann.

Dieser findet in Deutschland, entgegen allen Trends zum Individualsport im Fitnessstudio, vor allem in Sportvereinen statt, weshalb deren Bedeutung für die Gesellschaft und die Vereins-Mitglieder selbst, ebenfalls in Augenschein genommen wird.

An Praxisbeispielen werden die gewonnenen Erkenntnisse nochmals reflektiert und überprüft.
Zum einen möchte ich Migranten im System des Deutschen Ligenfußballs, zum anderen die Situation der Schwarzen im US-Sport betrachten.

In einem abschließenden Kapitel werden dann die Ergebnisse aufgearbeitet und die Frage beantwortet, welche Rolle Sport im Integrationsverlauf letztlich spielen kann.

2.   Lebenslagen von Migranten (SCHWIERIGKEITEN DES INTEGRATIONS-PROZESSES)

Im nachfolgenden Kapitel soll die Situation von Migranten in der Praxis anhand verschiedener Lebenslagen dargestellt werden, um einen Eindruck davon zu bekommen wie die Lebenssituation vieler Migranten in Deutschland ist.

Nach Zahlen des statistischen Bundesamtes (vgl. bamf, 2007, Kap. 2 - 3) leben in Deutschland ca. 6,75 Mio. Menschen ausländischer Herkunft. Das bedeutet einen Ausländeranteil von 8,2%.
In dieser Statistik sind jedoch keine Menschen mit Migrationshintergrund wie bsp. Spätaussiedler oder „Gastarbeiterkinder" der 2. oder 3. Generation erfasst.

2005 waren in Deutschland ca. 26 Mio. Menschen sozialversicherungspflichtig beschäftigt. Der Anteil ausländischer Beschäftigter lag jedoch nur bei 6,7%.

Im selben Jahr lag die Arbeitslosigkeit gesamtdeutsch im Durchschnitt bei 13%. Bei Ausländern lag die Arbeitslosenquote im Schnitt jedoch bei ca. 25%, im Osten Deutschlands sogar bei bis zu 50%.

Die Situation von Migranten auf dem Arbeitsmarkt ist also außerordentlich prekär. Gemäß ihrem Anteil an der Gesamtbevölkerung sind sie bei der Zahl der Beschäftigungsverhältnisse unterrepräsentiert.
Ebenfalls sehr bedenklich die Tatsache, dass die Arbeitslosigkeit etwa doppelt so hoch ist wie bei Deutschen.

Zu den Lebenslagen von Kindern und Jugendlichen mit Migrationshintergrund sind folgende Erkenntnisse aufallend :
Kinder mit Migrationshintergrund besuchen Kitas seltener und weniger lange. Sie versäumen somit einen wesentlichen Teil frühkindlicher Förderung und Bildung.
Gerade die möglichen Defizite im sprachlichen Bereich werden deshalb nicht bereits im Vorschulalter minimiert, sondern mit in die Grundschule genommen.

Sehr häufig kumulieren diese sprachlichen Mängel und stehen einer erfolgreichen Bewältigung der schulischen Anforderungen dauerhaft im Wege.

Auch wenn Migrantenkinder sicherlich ähnlich hohe Ambitionen haben wie die Einheimischen, bleiben ihnen Bildungschancen mehr oder weniger verwehrt. Nur 16% machen das Abitur und fast 20% brechen die Schule ohne jeden Abschluss ab.
Nicht anders die Situation auf dem Ausbildungsmarkt. 40% bleiben ohne einen Ausbildungsplatz, 32% ohne Berufsabschluss. Im Jahre 2002 lag der Migrantenanteil unter den Azubis sogar bei nur 5%.

Jugendliche mit Migrationshintergrund werden von Schule, Betrieben und in der Jugendhilfe häufig als besonders defizitär und problembelastet angesehen. Diese Voreingenommenheit mindert die Chancen solcher Jugendlichen auf Zugang zum Ausbildungssystem sehr.
Junge Migranten reagieren auf erfahrene Ablehnung oftmals mit ethnischer Abschottung. Es entsteht ein Teufelkreis, der oft genug im Bezug sozialstaatlicher Leistungen endet, ohne jede Chance auf berufliche Perspektive (vgl. Juventa, 2005, S. 165 - 171).

In Bezug auf die Arbeitsmarktsituation und die Armutsentwicklung ist folgendes zu betonen:
Der industrielle Sektor, in dem viele Migranten beschäftigt waren und sind, hat zugunsten des Dienstleistungssektors an Bedeutung eingebüßt und viele Arbeitsplätze verloren.

Von solchen wirtschaftlichen Umwälzungen und Konjunkturkrisen sind Migranten besonders betroffen, da ihre ökonomische Situation sehr stark auf solche Schwankungen reagiert. Die meisten arbeiten immer noch als gering qualifizierte Arbeiter in Industrie und Fertigung.
Gutes Sprachvermögen und Bildung sind dafür nicht notwendig und können in solchen Berufen auch kaum erworben oder verbessert werden.

Dementsprechend hoch ist das Armutsrisiko. Viele Migrantenhaushalte sind von Arbeitslosigkeit und prekären Einkommensverhältnissen gekennzeichnet.

2003 lag die Armutsquote von Migranten bei 23%. Bei den Deutschen waren es 14% (vgl. Juventa, 2005, S.174 - 193).

Hinzu kommt, dass in keinem Land die Bildungszielerreichung so sehr von der sozialen Herkunft abhängt wie in Deutschland.

Somit sind vor allem Kinder und Jugendliche aus Migrationshaushalten besonders benachteiligt, da viele in sozial schwachen Familienverhältnissen aufwachsen.

Fast ein Drittel der Kinder mit Migrationshintergrund in der Altersgruppe <10 Jahren lebt unter der Armutsgrenze.

Gleiches gilt für die Altersgruppen der 21-30jährigen und der über 60jährigen.

Kein Beispiel für ökonomischen Erfolg sind die stark gestiegenen Unternehmensgründungszahlen bei Migranten, wie eine auf türkische Unternehmensgründungen ausgerichtete Studie aus Berlin belegt (vgl. Juventa, 2005, S. 202 - 210). Die Ergebnisse deuten darauf hin, dass die marginalisierte Arbeitsmarktsituation mit der ebenfalls marginalisierten Situation als Unternehmer getauscht wurde; oftmals mit einem viel zu niedrigen, die Existenz bedrohenden, Einkommen.

Gerade in den Bereichen Gastronomie und Handel blühen die Unternehmensgründungen geradezu auf, da hier nur ein geringer Kapitalbedarf und kaum schulisch-fachliche Vorqualifikation notwendig ist.

Es handelt sich nicht selten um 1-Mann- oder Familienbetriebe, von denen 30% unter dem Existenzminimum rangieren und 50% „gerade so auskommen."

Vieles deutet darauf hin, dass die Devise „selbständig statt arbeitslos" verfolgt wird.

Ebenfalls auffällig die Zusammenhänge zwischen sozialer Schicht und Gesundheit. Untere soziale Schichten haben deutlich erhöhte Morbidität und Mortalität.

Gründe dafür sind ungünstige, belastende Lebensbedingungen, mangelnde Kenntnisse bezüglich des Gesundheitssystems oder soziokulturell begründete Hemmschwellen (vgl. Juventa, 2005, S. 211 - 307).

In einer sehr interessanten Studie wurden Türken nach ihren persönlichen Befindlichkeiten befragt (vgl. Assion, 2005, S.69 - 80).

So fühlt sich nur etwa die Hälfte der Befragten in Deutschland wirklich zu Hause. Gleichzeitig geben fast genauso viele an hin und her gerissen zu sein. Über 40% bezeichnen sich als heimatlos und mehr als 50% halten die deutsche und türkische Lebensweise für unvereinbar.

70% sehen keine Nähe zu ihren deutschen Mitbürgern und die Hälfte der Befragten hält es für angebracht aufzupassen nicht „zu deutsch" zu werden.

Befragt nach ihrem sozialen Umfeld und den Wohnverhältnissen sind 70 - 80% mit diesen zufrieden.

Nur 40% können sich mit dem Aus- und Weiterbildungssystem anfreunden, die Mehrheit lehnt dieses ab oder hat keinerlei Kenntnisse davon.

Zwei Drittel beurteilen die eigenen Berufschancen als gut, jedoch hätten 60-70% gerne einen höheren Abschluss bzw. eine höhere berufliche Stellung.

40% beklagen sich über ein zu niedriges Einkommen und monieren die fehlenden Möglichkeiten an der Konsumwelt teilhaben zu können.

Diese kurze Zusammenstellung verschiedener Forschungs- und Umfrageergebnisse verdeutlicht die Situation von Migranten in Deutschland und gibt Hinweise auf die im nachfolgenden Kapitel noch näher zu beschreibenden Eigenarten und Schwierigkeiten des Integrationsprozesses:

Migranten sind in fast allen Bereichen der Gesellschaft benachteiligt und unterrepräsentiert.

Zwar ist es im Generationenverlauf gelungen viele Defizite und Rückstände aufzuholen, bzw. abzubauen, doch sind sie in der Besetzung gesellschaftlicher Positionen nach wie vor wenig erfolgreich.

An den Indikatoren, die benutzt werden, um die gesellschaftliche Situation von Migranten zu beschreiben, wird deutlich, dass gelungene und gelingende Integration vor allem im Zusammenhang mit der Positionierung von Migranten im Bildungssystem und Arbeitsmarkt festgemacht wird.

Voraussetzung für eine solche Positionierung ist der Erwerb spezieller Fähigkeiten und Kenntnisse, so genanntes „Humankapital" wie Sprache oder Bildung.

Die Gesellschaft gibt also den Rahmen vor, indem sich die Individuen beweisen müssen.

Für Migranten sind diese zum Teil sehr komplexen Herausforderungen kaum zu verstehen und nur schwer zu bewältigen.

Im nachfolgenden Kapitel werden nun der Begriff der Integration und die Rahmenbedingungen gelingender Integration aus theoretischer Sicht betrachtet.

3.   Integrationstheorie Hartmut Essers

3.1   Sozialintegration

Die Definition des Begriffs Integration soll an dieser Stelle in Ahnlehnung an Hartmut Esser erfolgen. Hier wird die Komplexität des Integrationsprozesses und die Bedeutung des „Humankapitals" für den Integrationsverlauf besonders deutlich.

Esser versteht unter Integration ganz allgemein den Zusammenhalt von Teilen in einem systemischen Ganzen, unabhängig davon worauf dieser Zusammenhalt beruht.

Dabei müssen die Teile ein nicht wegzudenkender „integraler" Bestandteil des Ganzen sein (vgl. Esser, 2001, S.3 - 29).

Mit dem Begriff der Integration werden stets 2 Einheiten angesprochen: das System als Ganzheit und die „Teile", die es bilden. Dementsprechend unterscheidet Esser zwischen Systemintegration und Sozialintegration.

Für diese Arbeit relevant sind seine Überlegungen zur Sozialintegration.

Wird in dieser Arbeit also der Begriff Integration benutzt, ist Sozialintegration gemeint, also die Inklusion der Akteure (Migranten) in das System als Ganzes (Aufnahmegesellschaft) und die jeweiligen Sub-Systeme (Schule, Arbeitsmarkt, etc.).

Soziale Integration beschreibt Unterschiede zwischen den Individuen in Bezug auf das Ausmaß der von ihnen unterhaltenen Beziehungen und der dadurch erreichten sozialen Positionierung.

Esser unterscheidet 4 verschiedene Varianten (Ebenen) der Sozialintegration: Kulturation, Platzierung, Interaktion und Identifikation.

- Mit Kulturation meint Esser die Übernahme von Wissen, Fertigkeiten und kulturellen Vorstellungen.

Wissen und Kompetenzen beziehen sich auf die Kenntnis der wichtigsten Regeln für bestimmte Situationen und die Beherrschung der dafür nötigen kulturellen Fertigkeiten. Damit ist insbesondere die Sprache gemeint.

- Platzierung bezeichnet die Besetzung bestimmter gesellschaftlicher Positionen durch einen Akteur. Das Individuum wird über den Vorgang der Platzierung in ein bereits bestehendes System integriert und besetzt dann eine bestimmte Position.

Damit einher geht die Verleihung bestimmter Rechte wie bsp. Staatsbürgerschafts- und Wahlrecht sowie die Übernahme beruflicher und anderer Positionen.

Dies wiederum macht das Durchlaufen einer gewissen Bildungskarriere notwendig.

Platzierung auf möglichst zentralen Positionen der Gesellschaft ist von entscheidender Bedeutung für nachhaltige Sozialintegration.

- Interaktion, als dritte Dimension der Sozialintegration, meint die Aufnahme von sozialen Beziehungen und die Eingliederung in familiäre Zusammenhänge und Freundschaftsnetzwerke.

- Vierte Ebene der Sozialintegration ist die Identifikation.

Hier geht es um die emotionale und kognitive Beziehung zwischen dem einzelnen Akteur und dem sozialen System als Ganzem.

Die vier genannten Dimensionen der Sozialintegration stehen in direktem Zusammenhang zueinander und sind voneinander abhängig.

Eine Identifikation mit der Aufnahmegesellschaft ist nur dann zu erwarten, wenn die Zugehörigkeit zur selben auch als positiv und gewinnbringend empfunden wird.

Voraussetzung dafür ist die Einbettung in anregende soziale Bezüge.

Dies wiederum ist nur möglich, wenn die notwendigen kulturellen Fähigkeiten, vor allem die sprachlichen, vorhanden sind.

Beides setzt die Platzierung auf bestimmten Positionen voraus, wobei die Platzierung selbst auch nur durch ein Minimum an Kulturation möglich wird.

Gelungene, nachhaltige Sozialintegration ist also ein Prozess, der auf mehreren Ebenen gleichzeitig stattfindet.

Die Akteure müssen dabei relevante Kapitalien erwerben, um sich auf möglichst zentralen Positionen zu platzieren und die damit verbundene Kulturation zu erreichen zu können.

In der Praxis wird der Integrationsverlauf jedoch von vielen Variablen beeinflusst.

So spielt die jeweilige Familien- und Migrationsbiographie der Individuen und damit verbunden die Bleibeabsicht, Bildung und Einreisealter eine große Rolle für die Integrationsbereitschaft und -fähigkeit.

Das gleiche gilt für die Bedingungen im Herkunfts- und Aufnahmeland.

Die demographische, ökonomische und politische Situation dort beeinflusst die Integrationschancen ebenso, wie hier die Situation auf dem Arbeitsmarkt, die soziale und kulturelle Distanz oder die Ausländerpolitik.

3.2 „Investition" & "Kapitalerwerb"

Wichtig ist immer auch das Engagement des Einzelnen und der Mechanismus der Investition (vgl. Esser, 2006, S. 39 - 52).

Man kann davon ausgehen, dass im Prinzip alle Menschen ihr psychisches Wohlbefinden erhalten und soziale Wertschätzung erlangen wollen.
Dies ist jedoch nur möglich, wenn von der Gesellschaft vorgegebene Ziele verfolgt werden.
Nur so ist es möglich genau die Ressourcen zu erlangen, die in dieser Gesellschaft mit Wohlbefinden und Wertschätzung verbunden sind.

Jedoch haben nicht alle Individuen die Mittel zur Verfügung, die zur Umsetzung der Ziele in die Praxis notwendig sind.
Es entsteht also eine Situation, in der die Akteure nun resignieren und einen Status Quo hinnehmen oder den Versuch unternehmen an neue, zusätzliche Mittel heranzukommen, um früher oder später doch noch an vorher nicht erreichbaren Ressourcen partizipieren zu können.

Gerade Migranten sind sehr häufig mit dem Problem konfrontiert, dass aus dem Herkunftsland mitgebrachte Mittel und Fähigkeiten für das Aufnahmeland nur von geringer oder gar keiner Bedeutung sind.
Sie müssen also besonders große Investitionsbereitschaft und Motivation mitbringen, um den gewünschten Status zu erreichen.
Dies gelingt, wie der Blick auf die Lebenslagen in Kapitel 2 zeigte, aber nur schwer.

Von zentraler Bedeutung für einen erfolgreichen Integrationsverlauf ist die Sprache.

Esser schreibt ihr 3 Funktionen zu (vgl. Esser, 2006, S.52 - 59):

- Zum einen ist sie eine Ressource in die man investieren kann und über die andere Ressourcen erschlossen werden können.

- Zudem ist sie ein Symbol, dass Gefühle ausdrückt, Aufforderungen transportiert und Situationen definiert.

- Schließlich ist sie Medium der Kommunikation und stellt Verständigung sicher.

Der Erwerb der Sprache des Aufnahmelandes ist Grundvoraussetzung für jede weitere Sozialintegration von Migranten in die Aufnahmegesellschaft.
Sprache ist Voraussetzung für Bildungserfolg, berufliche Positionierung, Aufnahme von Kontakten und Beziehungen, also für alle Bereiche der sozialen Integration.

3.3 Assimilation

Neben dem Begriff der (Sozial-)Integration taucht in der Diskussion interethnischer Beziehungen auch der Begriff der Assimilation auf (Esser, 2001).

Dieser beschreibt die Vorstellung einer Angleichung der ethnischen Gruppen im Verlaufe mehrerer Generationen.

Das Assimilationskonzept geht von einer ethnisch homogenen Gesellschaft als Ziel aus, in der es zwischen den verschiedenen ethnischen Gruppen keine Unterschiede in der Verteilung gewisser Merkmale gibt.

Assimilation ist ein spezieller Fall der Sozialintegration (vgl. Esser, 2001, S.17 - 26) .

Sozialintegration lässt sich also nicht nur nach den 4 Dimensionen der Kulturation, Platzierung, Interaktion und Identifikation gliedern, sondern kann auch auf unterschiedliche gesellschaftliche Systeme bezogen werden.

Bei Migranten kann sie zusätzlich noch auf das Herkunftsland, das Aufnahmeland und die ethnische Gemeinde im Aufnahmeland bezogen werden.

Untersucht man die soziale (Des-)Integration von Migranten in ihre Herkunftsgesellschaft/ethnische Gemeinde einerseits und die Aufnahmegesellschaft andererseits, lassen sich 4 verschiedene Typen der Sozialintegration von Migranten unterscheiden:

- Mehrfachintegration als Sozialintegration in beide Gesellschaftstypen.

- Segmentation als Sozialintegration in ethnische Gemeinde und Exklusion aus der Aufnahmegesellschaft.

- Marginalität als Ausschluss aus allen Bereichen.

- Assimilation als Sozialintegration in Aufnahmegesellschaft unter gleichzeitiger Aufgabe der ethnischen Bezüge/Herkunft.

Gelungene und vollwertige Sozialintegration in die Aufnahmegesellschaft ist eigentlich nur in Form der Assimilation möglich.

Analog zu den 4 Dimensionen der Sozialintegration erfolgt Assimilation als:

- kulturelle Assimilation = die Angleichung im Wissen und den Fähigkeiten.

- strukturelle Assimilation = Besetzung von Positionen in den verschiedenen Funktionssystemen wie bsp. Bildungssystem, Arbeitsmarkt oder die Wahrnehmung bestimmter Rechte.

- soziale Assimilation = Aufnahme von interethnischen Kontakten und Beziehungen mit Einheimischen.

- identifikative Assimilation = gefühlsmäßige Identifikation mit der Aufnahmegesellschaft.

Diese Dimensionen hängen ebenfalls kausal miteinander zusammen und bedingen sich gegenseitig.

Assimilation meint immer die Angleichung von Gruppen in Bezug auf bestimmte Eigenschaften, jedoch nicht die komplette Gleichheit aller Individuen.
Es geht vor allem darum, dass es keine systematischen Unterschiede in der Verteilung von Ressourcen in einer Gesellschaft gibt.

Zusammenfassend beschreibt die Theorie Essers Integration als einen Prozess, der auf verschiedenen Ebenen mehr oder weniger zeitgleich abläuft.

Migranten müssen sich in den verschiedenen Dimensionen der Sozialintegration initiativ engagieren und einbringen, um gesellschaftlich relevantes Kapital (Sprache, Bildung, informelle Kontakte, etc.) zu erwerben und somit ihren Status in der neuen Heimat zu verbessern.

Wichtig für gelingende Integration ist die Bereitschaft der Migranten in ihr neues Leben zu investieren. Das Hauptaugenmerk liegt dabei unter anderem auf der Sprache.

Es liegt jedoch, wie nachfolgendes Kapitel zeigt, nicht alleine bei den Migranten, ob Integration in die Aufnahmegesellschaft gelingt.

4. Gesellschaftliche Integrationsbarrieren

Von nicht minder großer Bedeutung für den Integrationsprozess ist die Frage, wie die Aufnahmegesellschaft auf die neuen Mitbürger reagiert.

Migranten werden von den Einheimischen zunächst als Ausländer wahrgenommen (vgl. SPI, 2002, S.11 -27).
Sie werden als Konkurrenz (Wohnungs- und Arbeitsmarkt), eventuell sogar als Gefährdung für den eigenen Status betrachtet.
Die Distanz wird zusätzlich noch dadurch verstärkt, dass Ausländern/Migranten nicht dieselben Rechte und Solidarität zukommen wie Einheimischen.

Aufgrund der Heterogenität der Migrantengruppen, sowie der Unterschiedlichkeit der Migrationsursachen und -folgen ist eigentlich eine fachlich gesteuerte Migrationspolitik notwendig, die zwischen den politischen Interessen (bsp. Arbeitsmarkt), Menschen- und Grundrechten, sowie gesellschaftlichen Prozessen vermitteln sollte.

Tatsächlich aber wird das Thema Migration immer wieder ideologisch aufgeladen.
Migranten werden zu Sündenböcken gemacht und für politische Ziele missbraucht. Statt der beschriebenen Migrationspolitik wird in Deutschland vornehmlich Ausländerpolitik betrieben.
Dies jedoch nicht für die Zugewanderten, sondern vor allem für die Einheimischen (= Wähler).
Denen kann man entweder seine Liberalität gegenüber zugewanderten Mitbürgern demonstrieren (Minderheitsposition), indem man sich zum Verfechter einer „Multi- Kulti- Gesellschaft" macht oder sich ihre Loyalität sichert (Mehrheitsposition) durch Ungleichbehandlung und Forderungen nach Verschärfungen des Ausländer- und Zuwanderungsrechts.

Migranten sind also nicht nur „ökonomisches Gut", sondern vor allem auch „politisches Gut".

Gerade in Zeiten in denen nationalstaatliche Kräfte schwinden und ökonomische Politik an Bedeutung verliert, werden Politikfelder interessant, in denen man sich durch symbolische Handlungen Loyalitätszuwächse sichern kann.

Die Forderung nach Pflichtsprachkursen ist Ergebnis einer solchen Politik, welche die Schuld an Integrationsproblemen alleine den Migranten zuschreibt und die deutsche Bevölkerung von jeder Integrationsleistung ausnimmt.

Ganz egal, ob man den Sachverhalt der Einwanderungs- und Multikulturellen Gesellschaft akzeptiert oder nicht, Fakt ist die andauernde und dauerhafte Anwesenheit einer zugewanderten Bevölkerungsgruppe, die etwa 8% der Gesamtbevölkerung ausmacht (vgl. bamf, 2007, Kap. 2 und 3).

Der Integrationsprozess ist ein sehr ungleichmäßiger Vorgang.

Oftmals ist die kulturelle und strukturelle Integration/Assimilation deutlich weiter fortgeschritten als die sozialen und identifikativen Eingliederungsprozesse.

Dies lässt sich am Beispiel der Gastarbeiter gut verdeutlichen:

Solange man davon ausgehen konnte, dass diese bald wieder in die Heimat zurückkehren würden, waren sie zwar fremd, hatten aber einen eher zu vernachlässigenden Status als vorübergehende Gäste.

Als sich der Status vom Gast zum dauerhaft Anwesenden änderte, wird plötzlich die im Alltagsleben kaum noch wahrnehmbare Verschiedenheit als Fremdheit thematisiert.

Gerade die Angehörigen der zweiten und dritten Generation haben damit große Probleme.

Zwar sind sie sozialisiert wie ihre deutschen Altersgenossen, doch werden sie durch diskriminierende Praktiken des Alltags wie Fremde behandelt und zu Fremden gemacht.

Die anschließende Diskussion über Fremdheit trägt dann wiederum zur Verstärkung derselben bei, eventuell auch dort, wo ein vertrautes Zusammenleben bereits erreicht war.

Mit der Debatte um Fremdheit geht der Blick auf den Bereich „Kultur" einher.
Die Folgen von Migration werden vielfach als Kulturprobleme, also Konflikte zwischen Wissenssystemen, definiert.
In der öffentlichen Diskussion liegt das Hauptaugenmerk auf „multi-kultureller Gesellschaft" oder „interkultureller Identität".
Bei der Betrachtung des Integrationsprozesses sind aber die strukturellen Bedingungen und Prozesse einer Gesellschaft in den Vordergrund zu stellen.
Migration kommt selten durch kulturelle Ursachen, vielmehr aber durch wirtschaftliche Not, Krieg und Vertreibung in Gang. Ebenso wenig spielt die kulturelle Attraktivität der Migranten für Aufnahmeländer eine Rolle.

Die Dimensionen der Integration und Assimilation laufen in der Praxis also alles andere als kontinuierlich ab. Vielmehr sind Konflikte, Spannungen und Widersprüche zwischen den Einzelbereichen die Regel.
Es kommt zu Verwerfungen, Segregationen, Subkulturbildungen und Anomien, besonders auch bei jungen Migranten.
Diese sind mit den kulturellen Werten gut vertraut und haben dieselben Ansprüche an ein gutes und sozial anerkanntes Leben wie ihre deutschen Altersgenossen. Doch können viele keine hohen Berufspositionen einnehmen, so dass sich große Unterschiede zwischen Wunsch und Wirklichkeit ergeben.

Diese Situation wird dann noch verschärft, wenn Migranten ihre traditionelle Identität gefährdet sehen.
Es kann durch Barrieren, die das Einwanderungsland den Integrationsbemühungen der Migranten entgegenstellt, dazu kommen, dass eine Angst entsteht die eigene Herkunft und Identität zu verlieren, ohne in der neuen Heimat ökonomische und soziale Sicherheit erreichen zu können.

So kommt es durch das Fernhalten der Migranten von der Chance auf attraktive gesellschaftliche Positionierung zu Reethnisierungs- und Segregationstendenzen.

Prinzipiell sollten für den Integrationsprozess 2 Prämissen Gültigkeit haben:

1. Nach Adam Smith (in Diehl, 2002, S. 41 - 93) ist davon auszugehen, dass sich die Ziele, die Menschen, egal an welchem Ort und zu welcher Zeit, verfolgen, letztlich auf den Versuch reduzieren lassen, Wohlbefinden und Anerkennung zu erlangen.
Den Rahmen dafür gibt die Gesellschaft vor.
Somit haben alle Migranten ein großes Interesse an denselben sozialen Chancen und Aufstiegsmöglichkeiten wie sie die Einheimischen haben.

2. In einer demokratischen Gesellschaft, die sich soziale Gerechtigkeit auf die Fahnen schreibt, sollte ethnische Diskriminierung illegitim sein.
Migranten müssen die tatsächliche Chance haben vollwertige strukturelle Teilhabe erreichen zu können.

Gerade letzteres ist in der Realität nicht der Fall.
Migrationen sind vor allem auch deshalb als Brüche mit dem sozialen Kontext zu bezeichnen, weil Diskriminierung den nahtlosen Übergang behindert.

Wie gezeigt ist der Integrationsprozess ein außerordentlich schwieriger Vorgang, der von zahllosen Faktoren abhängt und beeinflusst wird.
Für die Individuen (vor allem Migranten) ist er kaum zu überblicken und kann sehr frustrierend sein, da aufgrund struktureller und institutioneller Benachteiligungen auch größtes Engagement nicht automatisch zum Ziel führt.
Erfolgreiche Integration wird fast ausschließlich an Indikatoren und Bedingungen festgemacht, die sich auf das Bildungssystem und den Arbeitsmarkt beziehen.

Diese werden von gesellschaftlichen/staatlichen Institutionen vorgegeben und sind für die Individuen quasi bindend. Alternative Lebensentwürfe sind schwer zu verwirklichen.

Dennoch ist deutlich geworden, dass eine erfolgreiche Integration nur dann möglich wird, wenn Migranten gemäß den unterschiedlichen Dimensionen der Sozialintegration (nach Esser) relevantes „Humankapital" erwerben und ausbauen.

Dies fällt ihnen, wie der Blick auf die Lebenssituation in der Praxis und die beschriebenen gesellschaftlichen Hürden zeigen (vgl. Kapitel 2), offensichtlich sehr schwer. Sie haben große Probleme sich „Kapital" zu erwerben und sich über Bildungssystem und Arbeitsmarkt in der Gesellschaft zu positionieren.

Es ist also zu fragen, ob es nicht eine Möglichkeit gibt, wie der Prozess des Kapitalerwerbs, der Integrationsverlauf und damit die Besetzung gesellschaftlicher Positionen positiv beeinflusst werden kann.

Hier kommt möglicherweise der Sport in Betracht.

5. Sport

5.1 Bedeutung des Funktionssystems Sport für die Integration von Migranten

Migranten finden sich also, wie gezeigt, häufig in einer Situation wieder, in der ihre eigenen Wünsche und Vorstellungen quasi irrelevant werden. Sie müssen sich einem gesellschaftlichen System unterwerfen, dass ihnen zunächst völlig fremd ist, ihnen aber dennoch ziemlich genau vorgibt, wie sie sich zu verhalten haben, um erfolgreich teilhaben zu können.

In einer solchen Situation ist es nur logisch, dass sich die Menschen nur schwer zurechtfinden und ohne besondere eigene Fähigkeiten oder informelle Kontakte kaum eine Chance haben ihre Situation zu verbessern.

Viele Migranten geraten in einen Teufelskreis aus mangelnden Sprachkenntnissen, schlechter Schulbildung, Benachteiligungen am Arbeitsmarkt und gesellschaftlicher Deprivation.

Wenn es also nicht gelingt, sich im durch die Aufnahmegesellschaft vorgegebenen System zurechtzufinden, wird man nach Möglichkeiten suchen dem Druck des gesellschaftlich konformen Verhaltens wenigstens teilweise entgehen zu können.

Dies geschieht entweder durch Rückzug und Verweigerung oder durch offensives agieren zum Abbau von Frustrationen, Benachteiligung oder „Kapitalmängeln" (schlechtes Sprachvermögen, etc.)

Möglicherweise bildet Sport einen Bereich in dem es möglich ist dies zu tun und auf alternativem Weg Anerkennung und Positionierung zu erfahren, ohne sich, wie sonst üblich, den komplizierten Regeln von Bildungssystem und Arbeitsmarkt unterwerfen zu müssen.

Hier scheint es so zu sein, dass der einzige Indikator für erfolgreiche Teilhabe und Positionierung, in der sportlichen Leistungsfähigkeit des Individuums zu suchen ist.

Diese ist sehr transparent, für jeden klar ersichtlich und kann bis zu einem gewissen Grad von jedem Individuum selbst beeinflusst bzw. gesteigert werden.

Zwar gibt es auch im Sport gewisse Regeln, die einzuhalten sind, doch scheinen diese wesentlich einfacher, direkter und transparenter als das gesellschaftliche Werte- und Normensystem.

Regeln im Sport dienen vor allem dazu, die Chancengleichheit der teilnehmenden Individuen zu wahren. In der Gesellschaft erscheinen sie oft als Hürden und Barrieren.

Insofern könnte gerade für benachteiligte Gesellschaftsmitglieder Sport von besonderem Reiz sein, da diese sonst kaum Chancen auf gleichberechtigte Teilhabe haben.

Gerade Menschen mit Migrationshintergrund sind im Profisport stark vertreten und zählen nicht selten zu den Leistungsträgern und Publikumslieblingen.

Sprache, Bildung und Beruf sind für den sportlichen Erfolg scheinbar ohne jede Bedeutung.

Da Sport vor allem in Vereinen ausgeübt wird, wäre es denkbar, dass sich hier für Migranten Möglichkeiten ergeben sehr direkt und ohne Umwege (gemäß den Dimensionen der Sozialintegration nach Esser) „Kapital zu erwerben".

Durch interkulturelle Kontakte mit Sportskameraden könnte es im Bereich der Interaktion zum Aufbau sozialer Beziehungen, über den Verein hinaus, und dadurch zur Inklusion in Freundschaftsnetzwerke kommen.

Damit könnten auf der Ebene der *Kulturation* Sprachkenntnisse, Wissen und Fertigkeiten erworben und ausgebaut werden.

Über den sportlichen Erfolg besteht die Möglichkeit sich zumindest auf Mikroebene im Sportverein zu *platzieren*, Anerkennung und Respekt zu erwerben.

Solch positive Erfahrungen könnten dann wiederum die *Identifikation* mit der Aufnahmegesellschaft fördern.

Die (angenommene) Klarheit, Einfachheit und Zugänglichkeit des Funktionssystems Sport könnte sich als förderlich für die Lebenssituation sportlich aktiver Migranten erweisen und eine positive Wirkung auf den Integrationsverlauf haben.

Es wird also nun im weiteren Verlauf der Arbeit näher untersucht welche Bedeutung Sport für Gesellschaft und Individuen generell hat und welche Chancen er, ausgeübt in Sportvereinen, Migranten tatsächlich eröffnet.

5.2 Bedeutung von Sport für die Gesellschaft

„Sport ist eine soziale Institution, in der Kommunikation körperlicher Leistungen statt-findet" (Zitat Weiß, 1999, S. 10).

Sport ist ein ideales Kommunikationsmedium und damit ein soziales Phänomen. Er ist ein Kulturprodukt, das sich im Kontext sozialer Systeme entwickelt. Gesellschaften sind in der Regel schichten- und situationsspezifisch differenziert. Je nach sozialer Lage gibt es verschiedene Vorstellungen vom eigenen Körper. Diese unterschiedlichen Vorstellungen haben sich im Laufe der Geschichte in regelmäßigen Zusammenhängen zwischen Körperbewusstsein, Sportart und sozialer Schicht manifestiert.

Sportliches Handeln steht mit den Reaktionen der soziokulturellen Umgebung in direktem Zusammenhang. Das Bedürfnis und Bestreben sozial anerkannt zu werden, sich vor anderen auszuzeichnen und das Verlangen nach Prestige, bestimmen auch und gerade sportliches Handeln.

Durch populäre Sportarten erhält man wohl am meisten Aufschluss über gesellschaftliche Zustände, Strukturen und Prozesse, denn
Sport reflektiert die Gesellschaft und wird von ihr reflektiert.

Die Organisation und Ausübung des Sports (bsp. Behandlung von Sieg und Niederlage) gibt Hinweise auf die Eigenarten einer Gesellschaft.
Ebenso sind Werte, die Behandlung von Minderheiten, das Wirtschaftssystem oder die politische Struktur einer Gesellschaft Anhaltspunkte dafür, welche Rolle Sport in dieser Gesellschaft spielt.

Dies wird am Beispiel des mexikanischen Stierkampfes deutlich:
Familie und Gesellschaft sind in Mexiko streng hierarchisch strukturiert.
Der autoritäre, patriarchalische Familienvater „regiert" mit eiserner Hand nach eigenem Gusto (Stichwort „machismo").

So kommt es, dass gerade die Söhne der autoritären Charakterstruktur des Vaters nacheifern und nicht selten damit beginnen jüngere Geschwister zu terrorisieren.

Gegensätzlich dazu das Verhalten der Töchter: Sie entwickeln mit der Zeit ein misstrauisches und ablehnendes Verhalten gegenüber Männern.

Im Stierkampf stellt nun der Stier den Vater dar, während der „matador" die Rolle des Sohns übernimmt.

Dabei wird jedoch die gesellschaftliche und familiäre Situation auf den Kopf gestellt, weil hier der matador die Gelegenheit hat, durch das Töten des Stiers „den Spieß umzudrehen" und dem Wunsch Ausdruck zu verleihen, Revanche für im Alltag erlittene Demütigungen zu nehmen.

Auch die komplexe Organisation, Spezialisierung und Arbeitsteilung des American Football deckt sich mit den Schlüsselcharakteristika der US-amerikanischen Gesellschaft.

Der amerikanische Sport ist wie die amerikanische Gesellschaft autoritär, bürokratisch und produktorientiert.

In Amerika, dem Inbegriff des Kapitalismus, ist es nicht verwunderlich, dass Athleten zum Besitz eines Teams gehören, man über sie verfügt und nach Belieben kauft oder verkauft.

Sie haben sich den Wünschen der Teambesitzer und Sponsoren zu beugen und autoritären Trainern unterzuordnen.

Siegen ist alles im US-Sport.

Damit wird ein zentraler Wert der amerikanischen Gesellschaft aufgegriffen: „im Konkurrenzkampf zu siegen."

Das sozialdarwinistische Prinzip des „survival of the fittest" manifestiert sich sowohl in der amerikanischen Gesellschaft wie im Sport.

Der unablässige Wunsch zu siegen ist jedoch kein natürliches, sondern ein rein kulturelles Phänomen.

So wurde kurz nach Einführung des Fußballs in Neuguinea von Einheimischen die Regel geschaffen, dass beide Mannschaften dieselbe Anzahl von Toren erzielen müssen (vgl. Weiß, 1999, Kap.3).

Es ergibt sich somit folgender Zusammenhang zwischen Gesellschaftstypen und Formen des Sports (nach Allardt in Weiß, 1999, Kap. 3.1.2) :

1. Je höher die Arbeitsteilung, desto formalisierter sind die Regeln der Sportarten.

2. Je stärker die sozialen und politischen Zwänge, desto wichtiger ist körperliche Kraft und desto unwichtiger ist die technische Geschicklichkeit.

3. Je härter das Gehorsamstraining, desto aggressiver sind die Sportarten.

4. Je niedriger die Arbeitsteilung und je stärker die sozialen Zwänge, desto populärer sind Mannschaftssportarten.

Auch gesellschaftliche Veränderungsprozesse in westlichen Industriegesellschaften spiegeln sich im Sportverhalten wieder:
Werte wie Leistung, Karriere, Gehorsam und Disziplin erfahren eine Abschwächung, während Wohlbefinden, Lebensqualität und Genuss an Bedeutung gewinnen.
Die Freizeit hat die Arbeitszeit quantitativ wohl überholt und Freizeitbeschäftigung steht immer öfter mit Sportausübung (= Gesundheit, Entspannung, Lifestyle) in Verbindung.

Die Verteilung sozialer Gratifikationen im Sport erfolgt in der Regel auf Basis des Normen- und Wertesystems der jeweiligen Gesellschaft, da Sport selbst, als Ausdruck des soziokulturellen Systems, Abbild des Normen- und Wertesystems jeder Gesellschaft ist.

Somit spiegeln sich auch gesellschaftliche Krisen, Trends und Anschauungs- weisen im Sport wieder.

Alles was es in der Gesellschaft gibt – Neid, Missgunst, Betrug, Erfolg, Misser- folg – gibt es auch im Sport.

Sport ist also Mikrokosmos der Gesellschaft (vgl. Weiß, 1999, Kap.3).

Fest steht aber, dass die Idealität mit der Sport die Prinzipien der Fairness, Objektivität, Chancengleichheit, Vergleichbarkeit, Allgemeinverständlichkeit von Leistungen, Rangpositionen auf Basis erbrachter Leistungen verwirklicht, eine Alternative zur oftmals undurchsichtigen Komplexität der sozialen Beziehungen im modernen Leben bietet.

Er scheint etwas von dem bewahrt zu haben, was den modernen Industriege- sellschaften mehr oder weniger abhanden gekommen ist:

„Chancengleichheit und Teilhabemöglichkeit für Alle."

Daher eröffnet Sport wesentlich einfacher, kurzfristiger und direkter die Mög- lichkeit Anerkennung und Bestätigung eigener Identität zu erfahren. Dies gilt für Migranten und Deutsche gleichermaßen. Über das Bezugsfeld gemeinsamer, anerkannter Werte ermöglicht er den Individuen soziale Integration.

Jene Wertstrukturen, die der Einzelne im Sozialisationsprozess verinnerlicht hat, wird er auch in seinem sportlichen Handeln anstreben und versuchen zu verwirklichen.

Sport kann deshalb in unterschiedlichen Bevölkerungskreisen und -schichten ganz unterschiedliche Bedeutung für bestimmte Gruppen annehmen.

So glaubt man beispielsweise, dass Boxen nur von Mitgliedern der unteren Schichten erfolgreich ausgeübt werden kann.

Das instrumentelle Verhältnis unterer Schichten zum eigenen Körper zeigt sich auch in der Wahl der Sportart, die sich vor allem durch Körperkontakt, Gewalt und Kampf auszeichnet.

Naturbezug scheint ein Merkmal des Sports oberer Schichten zu sein.
Ebenso wird Sport hier häufig in geschlossenen Clubs ausgeübt und sportliche Aktivität nicht selten mit beruflichen Kontakten verknüpft.

Empirische Untersuchungen belegen folgende Zusammenhänge zwischen Schichtzugehörigkeit und Sportengagement (vgl. Weiß, 1999, S.104-105):

In mittleren und oberen Schichten wird häufiger Sport betrieben. Es handelt sich vor allem um prestigeträchtige und kostenintensive Individual- und Trendsportarten mit geringem Körperkontakt.

In unteren Schichten dominieren (Mannschafts-) Sportarten die kaum oder keinen Naturbezug haben und starken Körperkontakt fordern.
Insgesamt nimmt die Sportaktivität mit steigendem Bildungsniveau und Einkommen zu.

„Sportsoziologie ist nun jene Wissenschaft, die sich mit der Erforschung sozialen Handelns im Sport sowie mit den Wechselwirkungen zwischen Gesellschaft und Sport befasst" (Zitat Weiß, 1999, S.23).

Unter Gesellschaft versteht man jenes soziale System, welches für die menschliche Entwicklung existentiell notwendig ist und der Erreichung bestimmter Ziele oder Zwecke dient, wie beispielsweise der Befriedigung von Bedürfnissen.
Sie besteht aus einer Gruppe von Individuen und zeichnet sich durch eine eigene Kultur und bestimmte Organisationsformen aus.
Wie gezeigt beeinflusst die Gesellschaft die sportlichen Aktivitäten ihrer Mitglieder sehr stark. Die Zugehörigkeit zu einer bestimmten Bevölkerungsschicht ist für die Art und Weise des Sporttreibens maßgeblich.

Eines ist also deutlich geworden:

Sport, in welcher Art auch immer, spiegelt einerseits die Gesellschaft mit all ihren Eigenschaften wider, zugleich bringt er aber auch die Bedürfnisse und Sehnsüchte der Gesellschaftsmitglieder zum Ausdruck.

Im Vergleich zu anderen gesellschaftlichen Subsystemen scheint hier noch eine Chancengleichheit für die Individuen zu bestehen.

Er kann ein Ventil sein, um Frustrationen oder Aggressionen abzubauen, sowie Leiden und Zwänge zu kompensieren (vgl. Weiß, 1999, Kap.1 - 3).

Sport bietet aber auch die Möglichkeit sich Anerkennung und Respekt zu erarbeiten.

Auf welche Art und Weise dies geschieht variiert sehr stark und ist von verschiedenen Faktoren abhängig.

Dies wird im nachfolgenden Kapitel mit Blick auf die Bedeutung von Sport für das Individuum nochmals vertieft und verdeutlicht.

5.3 Bedeutung von Sport für das Individuum

Von entscheidender Bedeutung für die sozialen Beziehungen ist das Hineinwachsen der Individuen in die jeweilige Kultur. Dadurch reifen sie zu handlungsfähigen Gesellschaftsmitgliedern heran.

Diesen Prozess der Internalisierung von Werten, Normen und Verhaltensmustern, um dadurch Aufnahme in eine Gesellschaft zu erreichen, nennt man Sozialisation.

Es handelt sich um einen lebenslangen Prozess der Auseinandersetzung mit der Umwelt.

Indem die Umwelt auf den Menschen einwirkt, trägt sie zu seiner Identitätsbildung bei, wobei gleichzeitig menschliches Handeln zu Resultaten führt, die Spuren in der Umwelt hinterlassen.

Kurz gesagt: Das Individuum prägt die Gesellschaft und die Gesellschaft prägt das Individuum.

Dies geschieht durch Prozesse der Kommunikation, die in Auseinandersetzung mit anderen Individuen stattfinden.

Der Mensch interagiert als Gruppenmitglied mit den anderen Mitgliedern der Gruppe.

Eine soziale Gruppe bilden mehrere Personen, die zur Erreichung bestimmter Ziele kontinuierlich zusammenwirken.

Sport findet nun vornehmlich im Gruppenkontext statt. Er bietet eine Plattform, die den Mitgliedern der Gruppe/Gesellschaft soziale Anerkennung ermöglicht, unabhängig von ihrer Herkunft, Bildungsstand oder Sprachvermögen.

Zudem gewährleistet die erfolgreiche Aufgabenbewältigung im Sport hohe soziale Vergütung in Form von Prestige, Status, Ansehen und kann das Bedürfnis nach Anerkennung befriedigen.

Demnach kann Sport ein Ort gesellschaftlicher Bestätigung sein.

Das Streben nach solcher Bestätigung ist für sportliches Handeln typisch.

Sport bietet Individuen aller gesellschaftlichen Schichten die Möglichkeit als Angehöriger einer Gruppe anerkannt zu werden. Der Einzelne wird dabei zunächst relativ wertneutral als Gruppen- oder Mannschaftsmitglied auf- und wahrgenommen. Gute Leistungen und Engagement für die Gruppe eröffnen die Chance, im Laufe der Zeit, auch als Individuum mit besonderen Fähigkeiten respektiert zu werden.

Viele verschiedene Sportarten bieten die Möglichkeit individuell zugeschnittener Selbsterfahrung (vgl. Weiß, 1999, Kap. 3 - 4).

Zudem besteht die Chance auf große öffentliche Anerkennung durch das Publikum. Nicht umsonst ist der Sport eine Zufluchtsstätte für die unterprivilegierten Mitglieder vieler Gesellschaften geworden.

Er erweist sich für diese Gruppen vielfach als einzige und zudem recht einfache Möglichkeit in der Gesellschaft Bestätigung, Lob und Anerkennung zu erfahren.

Wenn es keine Alternative gibt, werden sich Personen, die wenig Zukunftshoffnung haben, entweder ganz zurückziehen oder sich in Richtung Sport bewegen, selbst wenn die Erfolgschancen äußerst unsicher sein sollten. Gesellschaftliche Ablehnung, das Gefühl von Fatalität und der positive gesellschaftliche Nutzen, den sportlicher Erfolg verspricht, sind der optimale Nährboden für eine maximale Motivation.

Der „hungrige" türkischstämmige Boxer kämpft primär um Ansehen, erst sekundär um den Siegergürtel. Der Siegergürtel ist Mittel zum Zweck, nicht Selbstzweck.

Im Sport gelingt es wie in keinem anderen Gesellschaftsbereich Strukturen der Ungleichheit zu verdecken. Er bietet einen Fluchtweg aus Unterdrückung und sozialer Diskriminierung, wird zu einer Gratifikationsinstanz.

Dies gilt nicht mehr nur für Mitglieder unterprivilegierter Gesellschaftsschichten wie bsp. Migranten, sondern für immer mehr Menschen in den modernen Industriegesellschaften, die einen Ausgleich für die Frustrationen und Repressionen der Arbeits- und Berufswelt suchen.

Sport ermöglicht unmittelbare und primäre Erfahrungen.
Er ist eine Antwort auf die Anonymität und Abstraktheit der industriellen Arbeitswelt in Fabrik oder Büro.
Sport bietet Ersatz für Sehnsüchte und Unzufriedenheiten, ist mitreißend und aufregend, so dass Menschen hier die Langeweile, Routinen und Frustrationen des Alltags kompensieren können.
Sport stellt eine Kommunikationsplattform dar, die den Aufbau neuer Identität und deren Aufrechterhaltung möglich macht. Migranten haben also die Möglichkeit sich eine vom „Ausländerdasein" losgelöste Identität aufzubauen.
Es besteht die Chance rein als Individuum mit besonderen (sportlichen) Fähigkeiten akzeptiert zu werden und so unkomplizierteren Zugang zu sozialen Netzen zu erhalten (vgl. Weiß, 1999, Kap. 6.2).

Von entscheidender Bedeutung für die soziale und gesellschaftliche Anerkennung sind jedoch die Leistung und deren Präsentation (vgl. Weiß, 1999, Kap.6 – 7 und 9).
Ob eine Leistung vorliegt, entscheidet die für den Handelnden relevante Bezugsgruppe auf Basis des gesellschaftlichen Werte- und Normensystems.
Leistung ist somit kein einheitliches System, sondern steht im Kontext der jeweiligen Gesellschaftsordnung. Der Erfolg, bzw. der Misserfolg ist das Medium in dem sich die Leistung widerspiegelt.

Vielfach ist es notwendig, dass das Individuum Beobachter auf seine Leistung aufmerksam machen muss, um anerkannt zu werden.
Es ist also eine zusätzliche Leistung notwendig: Die Präsentationsleitung.

Das Individuum muss in der Lage sein, sich in Szene zu setzen.

Erst die erfolgreiche Präsentationsleitung führt zur sozialen Annahme sportlicher Aktionsleistung und dadurch zur Anerkennung durch die Gesellschaft.

Dies gilt für Profi- wie Amateursport gleichermaßen.

Ansehen in der Gesellschaft wird als elementare Bestätigung der Leistungen des Einzelnen in sein Selbstbewusstsein zurückgespiegelt.

Leistung ist möglicherweise das wichtigste Zuweisungsprinzip in unserer Gesellschaft.

„Wer mehr hat", so sagt man, „habe auch mehr geleistet".

Auf diese Weise werden die ungleiche Verteilung von Gütern und die unterschiedliche soziale Lage von Menschen in der Gesellschaft erklärt.

Statuszuweisung erfolgt über individuell erbrachte Leistung. Somit kann das Leistungsprinzip auch der Rechtfertigung sozialer Ungleichheit dienen.

In Wirklichkeit zählt jedoch ausschließlich der Erfolg, denn Leistungen unterschiedlicher Bezugsgruppen sind unmöglich miteinander zu vergleichen. Letztlich zählt nur das Ergebnis: „Mein Haus, mein Auto, mein Boot ...".

Nur der Erfolg ist für die Gesellschaft erkennbar.

Es ist oft gar nicht mehr zu unterscheiden, was genau Resultat eigener Leistung und was das Ergebnis „guter Beziehungen" ist.

Migranten arbeiten ebenso hart wie die Deutschen, aber ernten bei weitem nicht denselben Respekt und bleiben auf niedrigem Status stehen.

Leistungen werden misstrauisch beäugt oder bleiben unbeachtet.

In dieser gesellschaftlichen Situation bietet sich Sport an.

Die aus eigenem Werk gewonnene Befriedigung findet, im Gegensatz zum Berufsleben, im Sport eine Möglichkeit zur Realisierung.

Sport kann individuelle Erfüllung und soziale Anerkennung bieten.

Voraussetzung für die gesellschaftliche Anerkennung von sportlicher Leistung ist, dass Verhaltensmuster, Ziele und Wirkungen, die im Sport gefordert, angestrebt und erreicht werden können, dem gesellschaftlichen Handlungspotenzial entsprechen.

Im Gegensatz zur Gesellschaft bietet Sport hohe Eindeutigkeit und Transparenz. Der Kontrast zu anderen gesellschaftlichen Teilbereichen ist offenkundig. Gerade seine Einfachheit und Reduktion auf Dimensionen wie Tore, Sekunden und Zentimeter machen ihn so attraktiv und leicht verständlich.
Erfolg resultiert unmittelbar aus (mehrheitlich) regelgerechter Leistung und ist eindeutig definiert: Sieg, Niederlage, Meisterschaft und Abstieg.
Es gibt keine Grauzone zwischen „Ball im Tor" und „Ball im Aus".

Einmal mehr erweist sich Sport als soziale Gratifikationsinstanz, die Leistung, quasi unmittelbar nach ihrer Erbringung, mit sozialer Anerkennung und Erfüllung belohnt.
Die Ideale der Industriegesellschaft: Chancengleichheit, faire Konkurrenz, Objektivität, Vergleich- und Messbarkeit von Leistungen sowie Rangpositionen aufgrund erbrachter Leistungen sind, wenn überhaupt, doch nur noch im Sport zu finden.

Gerade deshalb haben Migranten die Chance in sportlichen Leistungen Selbstständigkeit und eigenes Können zu erproben, Akzeptanz zu erfahren und sozial angenommen zu werden. Sie können also hier genau die Erfahrungen machen, die ihnen die Gesellschaft ansonsten verwehrt.

Die soziale Gratifikation, die sich durch Sport erreichen lässt, ist insbesondere für Kinder und Jugendliche von Vorteil. Dies gilt für Deutsche wie Migranten gleichermaßen. Sie können sehr früh die eigene Identität entdecken, testen und entwickeln, weil Ergebnisse unmittelbar, messbar und sichtbar sind.
Sie erhalten Gewissheit über ihre Leistungen und jene Anerkennung, die sie für ihre Identitätsentwicklung brauchen. Ebenso können sie, über die familiären

Beziehungen hinaus, Zugang zu neuen, möglicherweise anderen, Zielen und Werten erhalten.

Die primäre, authentische Erfahrung, die im sportlichen Handeln gegeben ist, kann zu einer Bestätigung der Identität und des Selbstbewussteins eines Sportlers beitragen.

Letztlich geht es doch auch immer darum, die Bewunderung anderer zu erregen, um auf diese Weise das eigene Selbstwertgefühl zu stärken.

Die erfolgreiche Aufgabenbewältigung im Sport gewährleistet hohe soziale Vergütung.

Über das System gemeinsamer Normen und Werte in Sport und Gesellschaft ist es möglich soziale Integration zu erreichen, da nur Leistungen anerkannt werden, die für die bestehende Kultur von Bedeutung sind.

Das sind solche Leistungen, die im Rahmen der Regeln erbracht werden.

Dafür ist wiederum die sportliche Leistungsfähigkeit als relevantes Kapital erforderlich.

Sport hat auch Kommunikationsfunktion (vgl. Weiß, 1999, Kap.7).

Sportliches Handeln generiert aufgrund seiner extremen Komplexitätsreduktion signifikante Symbole und damit ideale kommunikative Voraussetzungen für soziales Handeln.

Angesichts der kommunikativen Defizite in modernen Gesellschaften, die mit strukturbedingter Entfremdung einhergehen, entsteht im Sport ein neuer Bereich kommunikativer Nutzung.

Sport präsentiert sich als Kommunikationsform, die in der Lage ist Anerkennungsbedürfnisse zu erfüllen.

Als soziale Gratifikationsinstanz hat er somit funktionale Bedeutung.

Aufgrund der künstlichen Reduzierung auf eindeutige kommunizierbare Zeichen, wird Sport auch demjenigen verständlich, der am Geschehen selbst gar nicht aktiv beteiligt ist: dem Zuschauer (vgl. Weiß, 1999, Kap.8).

Sport wird als reales, einfach nachzuvollziehendes Geschehen vom Publikum betrachtet. Dabei helfen institutionalisierte Reglements, die für Sportler wie Zuschauer eine klare Transparenz der erbrachten Leistungen garantieren.

Sportzuschauer können sich über den Sieg einer Mannschaft genauso freuen, wie sie sich über eine Niederlage ärgern können. Ohne gemaßregelt zu werden, können Emotionen verbal und körperlich ausgelebt werden.

In der Atmosphäre eines Stadions oder einer Sporthalle kann der einzelne mit völlig fremden Menschen, die ihn verstehen, intensive Emotionen teilen und sich zugehörig fühlen. Dadurch können Sportereignisse zu einem sich wöchentlich ändernden Inhalt von Kommunikation in Familie, Beruf, Schule oder Kneipe werden.

Auf diese Weise wirkt Sport sozial vermittelnd und erlaubt jedem mit geringstem Aufwand die Anteilnahme.

Er bietet dem Zuschauer eine hervorragende Möglichkeit zur Identifikation und Projektion. Der Gewinn eines Spiels oder gar Titels durch die Lieblingsmannschaft kann zu einer Quelle der Motivation für den Zuschauer werden, aus der er die Kraft schöpft mit den Widrigkeiten des Alltags besser umzugehen.

Neben dem Interesse am Sport geht es jedoch auch um das Erleben in Form psychosozialer Kategorien. Man besucht Sportveranstaltungen häufig mit Freunden oder Familienmitgliedern und sucht über das Sportereignis ein integratives Erlebnis.

Durch die Integrationsleistung des Sports wird ein gruppenspezifisches Zusammengehörigkeitsgefühl geweckt. Dabei stellen die Atmosphäre im Stadion, die Stimmung des Publikums und die eigene Einfügung in diese Stimmung zentrale Erlebnis-Elemente dar.

Der einzelne Sportzuschauer erfährt sich nicht direkt, sondern indirekt, aus Sicht der anderen Zuschauer.

Diese wechselseitige Identifikation der Sportzuschauer erfolgt über die Identifikation mit einem Sportler oder einer Mannschaft und schafft das Gefühl personaler Bedeutsamkeit.

Die soziale Bedeutung der passiven Teilhabe am Sport ist auch im Kontext der modernen Gesellschaftssysteme zu sehen.

So hat die Fußball-Weltmeisterschaft 2006, wenn auch nur für kurze Zeit, wie kein anderes Ereignis die Menschen zusammengeführt und vereint.

Gesellschaften haben sich zu hochkomplexen Gebilden entwickelt, die das Individuum kaum noch überschauen kann. Es gibt unzählige Institutionen und Gruppen mit den verschiedensten Werten und Normen. Handlungsziele und Funktionsmechanismen von Politik und Wirtschaft werden zunehmend abstrakt und unverständlich.

Das Konkurrenzdenken und die Individualisierung lösen gesellschaftliche und familiäre Bindungen zunehmend auf und isolieren die Individuen.

Es drohen der Gesellschaft Zustände von Desintegration, Anonymität sowie Norm- und Orientierungslosigkeit.

Mit diesen gesellschaftlichen Entwicklungen haben alle Menschen zu kämpfen aber besonders für Migranten sind sie oft nur schwer durchschaubar und kaum zu bewältigen.

In zunehmendem Maße bedarf es daher einheitsstiftender Elemente wie Sport, um Menschen einen Halt und Ausgleich zu bieten.

Sport bietet Migranten einen einfachen Zugang zu gesellschaftlicher Teilhabe und Gratifikation, unabhängig von sprachlich-kulturellen Kompetenzen.

Das Individuum erfährt Akzeptanz aufgrund seiner guten sportlichen Leistung und wird als (Mannschafts-) Mitglied in eine gesellschaftliche Gruppe integriert. Das sportliche System ist dabei sehr transparent und leicht verständlich.

Auf Basis der dargestellten sportsoziologischen Erkenntnisse muss man in einem Zwischenfazit zu dem Schluss kommen, dass Sport sehr wohl einen positiven Einfluss auf die Integration von Migranten haben könnte.

Im Blickpunkt steht dabei die Aktivität als Mannschaftssportler in einem Sportverein, der wohl immer noch häufigsten Form des Sportreibens.
Hier wird das mitgebrachte Kapital, die sportliche Leistungsfähigkeit, ausgebaut und über sportlichen Erfolg, soziale Anerkennung und interkulturelle Kontakte besteht eventuell die Möglichkeit weitere Kapitalien wie bsp. Sprache zu erwerben und zu verbessern.

Gleichwohl wird Sport immer auch als „Spiegel der Gesellschaft" beschrieben, müsste also dieselben negativen Eigenschaften wie die Gesellschaft haben, bsp. Diskriminierung und Unterdrückung von Minderheiten. Dies alles wird in den nachfolgenden Kapiteln noch genauer beleuchtet.

6. Sportvereine als Integrationsplattformen ?

6.1 Forschungsergebnisse

Sebastian Braun (Zitat in Bauer, 2003, S. 97) beschreibt Vereine als:

„...freiwillige Vereinigungen, die als zentrales Element stabiler Demokratien gesehen werden können, da sie in der sozialen Praxis die Verbindung von Mitgliedschaft- und Staatsbürgerrolle ermöglichen und Institutionen selbstbestimmten Handelns und frei gewählter Tätigkeit sind, wo bürgerschaftliche Kompetenz, im Sinne einer qualifikatorischen Voraussetzung des Bürgerstatus´, erworben werden kann.“

Sport wird trotz aller Trends zum Fitnessstudio und Individualsport noch immer hauptsächlich in Sportvereinen ausgeübt. Somit sind diese und ihre Mitglieder genauer unter die Lupe zu nehmen.

Ebenso ist zu fragen in wie weit freiwillige Vereinigungen einen Beitrag zur Integration ihrer Mitglieder in die Gesellschaft leisten können.

Nach Streeck (in Bauer, 2003, S. 159 - 161) erlangen Individuen erst durch Mitgliedschaft in Vereinen, Kirchen und Verbänden den Status eines Bürgers, der in der Lage ist an der „komplexen" Gesellschaft zu partizipieren.

Solche Organisationen nennt Streeck „intermediär".

Sie vermitteln zwischen Individuum und Gesellschaft, in dem sie Handlungsräume für soziales und politisches Engagement eröffnen und zur Bühne gesellschaftlicher Teilhabe und Partizipation werden.

Für die Verknüpfung von „Mitgliedschaftsrolle" und „Staatsbürgerrolle" sind Vereine besonders geeignet, da sich die Individuen hier aus freien Stücken und aus Interesse an einer gemeinsamen Sache zusammenschließen.

Menschen halten den Verein für den geeigneten sozialen und organisatorischen Rahmen, in dem sie ihre Bedürfnisse in die Realität umsetzen können. Auf Basis dieser Gemeinsamkeiten entstehen Bindungen der Mitglieder untereinander.

Es entwickeln sich soziale Nähe, persönliche Bindungen und Beziehungen ebenso, wie gegenseitiges Vertrauen und Gefühle der Zusammen- und Zugehörigkeit.

Dies bildet die Basis für solidarisches, integratives Handeln, auch über das Vereinsleben hinaus.

Im Verein können Fähigkeiten wie Initiative, Vertrauen und Toleranz gegenüber Fremden erworben werden, die sich dann über die Sozialkontakte der Mitglieder verbreiten lassen.

Dieser Prozess wirkt für Einheimische wie Zugewanderte.

Sportvereine produzieren eine Art „sozialen Klebstoff", der die Gesellschaft auf kleiner Ebene zusammenhält. Sie sind Auffangbecken für Menschen unterschiedlichster sozialer Herkunft, Bildung oder Nationalität und haben somit eine wichtige Integrationsfunktion.

Sie können also durchaus als Schmelztiegel bezeichnet werden in denen Migranten einen Zugang zur Gesellschaft finden können.

Zu ähnlichen Ergebnissen kommt auch Claudia Diehl (vgl. Diehl, 2002, S. 41 - 93).

Sie sieht in Vereinen ebenfalls eine Chance auf unmittelbare Anerkennung in Form von Status und Bestätigung für die Akteure.

Zudem unterscheidet sie 4 verschiedene Angebote, die Vereine ihren Mitgliedern machen:

1. Vereine sind Plattform für die Artikulation langfristiger Interessen.

2. Sie stellen Kontexte dar, in denen Mitglieder Positionen übernehmen können.

3. Vereine stellen enge Integrationsnetzwerke dar.

4. Mitglieder haben die Chance auf exklusiv durch die Vereine angebotene Dienstleistungen und Güter.

Eine Untersuchung von Michael Nagel (in Baur, 2005, Kap. 15) geht der Frage nach, inwiefern Sportvereine aus Sicht der Mitglieder als sozial offene oder geschlossene Gebilde wahrgenommen werden.

So sind nach seinen Umfragen Ausländer und neue Mitglieder, unabhängig von Ausbildung und Beruf, jederzeit herzlich willkommen.

Auf einer Skala von 1 (=geringe soziale Offenheit) bis 4 (=hohe soziale Offenheit) liegen die Umfragewerte allesamt jenseits der Marke von 3,5 Punkten.

Sportvereine haben diesen Ergebnissen zufolge eine sehr hohe soziale Offenheit gegenüber allen Menschen, unabhängig von Alter, Geschlecht, Bildungsgrad sowie ethnischer und sozialer Herkunft.

Die soziale Offenheit in kleinen Sportvereinen (<100 Mitglieder) ist dabei jedoch etwas geringer als in größeren Vereinen, wobei dies nicht wirklich ins Gewicht fällt, da die Zahlen allesamt jenseits der 90% liegen, also insgesamt eine sehr hohe soziale Offenheit vorliegt.

In einer weiteren Studie verglichen Sebastian Braun und Michael Nagel (in Baur, 2005, S. 526 - 541) Bevölkerungsmitglieder im Allgemeinen und Sportvereinsmitglieder im Speziellen miteinander.

Hierbei ist festzustellen, dass die Mitglieder freiwilliger Vereinigungen (bsp. bsp. von Sportvereinen) gegenüber gesellschaftlichen und politischen Angelegenheiten wesentlich aufgeschlossener, und gerade auch im Hinblick auf zwischenmenschliche Interaktionen, optimistischer und offener sind.

Vereinsmitglieder sind weniger individualistisch, sozialdarwinistisch und ablehnend gegenüber Fremden eingestellt. Sie sind geselliger, hilfsbereiter und haben ein größeres politisches Interesse.

Gerade gegenüber Ausländern und Fremden sind Nicht-Mitglieder radikaler eingestellt.

Sie sehen Flüchtlinge signifikant häufiger als Bedrohung, Deutsche im Vergleich zu Ausländern benachteiligt und lehnen die „Multi-Kulti-Gesellschaft" deutlich ab.

Daraus kann man schließen, dass der Zugang zum Sportverein gerade für Migranten wesentlich einfacher sein dürfte, als in anderen Bereichen.

Insgesamt scheinen die freiwilligen Vereinigungen über ein besonderes Potenzial zu verfügen: Mitglieder können den Gebrauch bestimmter Tugenden und Verhaltensweisen einüben, die auch über das Vereinsleben hinaus zu Kommunikations-, Kooperations- und Hilfsbereitschaft befähigen.

Vereine sind lokale und kommunale Integrationskerne.
Sie bringen Gemeindemitglieder und Stadtteilbewohner zusammen, die Interesse an einer gemeinsamen Sache haben.
Weil Vereine immer auch in lokale Bezüge eingebettet sind und ein Moment kommunalen Lebens darstellen, können sie nicht nur soziale Integration „nach Innen", sondern auch lokale Integration „nach Außen" bewirken.
Damit können sie gerade auch für Migranten zum Türöffner für Teilhabe am Gemeindeleben werden (vgl. Baur, 2003, Kap.17).

Auch können Vereine einen Beitrag zur Integration über sozialstrukturelle Differenzen hinweg leisten. Wenn unterschiedliche Bevölkerungsgruppen hier zusammentreffen, können diese nicht nur innerhalb des Vereins über sozialstrukturelle Grenzen hinweg Beziehungen aufbauen, sondern über die Aktivitäten im Verein auch am Leben in der Kommune partizipieren.
Vereine können also zugezogenen „Neubürgern" sozialen Anschluss bieten und Zugang zum Leben in Gemeinde oder Stadtteil sein.

Im insgesamt deutlich „fremdenfreundlicheren Klima" eines Sportvereins dürfte der Erwerb Integrationsfördernder Kapitalien also durchaus möglich und wahrscheinlich sein.

6.2 Sportvereine im Wandel

Vereinsmitgliedschaften werden jedoch immer öfter durch lose, zeitlich begrenzte Bindungen an beispielsweise Fitnessstudios ersetzt (Baur, 2003, Kap. 19). Das Sporttreiben erfolgt hier mehr oder weniger anonym, so dass der Aufbau sozialer Beziehungen schwierig sein dürfte.

Zudem sind die Kosten nicht unerheblich und stellen für potentielle Mitglieder aus unteren Schichten eine Hürde dar.

Neue Trendsportarten sind selten im Angebot von Vereinen zu finden, wodurch sich gerade auch Jugendliche vom vereinsorganisierten Wettkampfsport abwenden dürften. Vereine müssen dem Mitgliederschwund mit neuen Angeboten entgegenwirken. Häufig fehlen dazu Geld und Personal.

Ebenso gibt es nicht nur in den Städten einen Trend zum ethnisch geschlossenen „Ausländerclub".

Migranten übernehmen zwar die Vereinsstrukturen des Gastlandes, sondern sich jedoch ab und bleiben unter sich. Die oben beschriebenen positiven Nebeneffekte einer Mitgliedschaft in interethnischen Vereinen dürften hier ausbleiben. Für die Aufnahmegesellschaft relevantes Humankapital kann hier nicht erworben werden. Die Integration wird also nicht gefördert (siehe auch Kapitel 7).

Zudem gibt es direkte Zusammenhänge zwischen gesellschaftlicher Schicht und der ausgeübten Sportart (vgl. Weiß, 1999, Kap. 4.2.3 – 4.2.5).

Nur bestimmte Bevölkerungsgruppen haben Zugang zu bestimmten Sportarten und es ist anzuzweifeln, dass Migranten so ohne weiteres Zugang zu Segel- oder Golfclubs bekommen können.

Besonders in den Sportarten der „upper-class" haben Vereine eindeutige Tendenzen zur Schließung nach Außen gegenüber anderen Einkommensschichten oder Berufsgruppen.

Dennoch können sich die Mitglieder solcher „Nobel-Vereine" in Befragungen positiv und tolerant gegenüber Migranten oder Arbeitslosen äußern.

Hinzu kommt, dass die eigentlichen Beziehungen zwischen den Mitgliedern in Sportvereine bisher nicht ausreichend untersucht wurden.

Es gibt keinen Messwert dafür, wie sich das Vereinsleben und die Interaktion der Mitglieder auf deren Privatleben (bsp. Integration von Migranten) tatsächlich auswirken.

Der wahrgenommenen sozialen Offenheit der Mitglieder steht, vor allem in kleinen Vereinen, eine sehr heterogene soziostrukturelle Zusammensetzung der Mitglieder gegenüber.

Soziale Offenheit findet also nicht unbedingt Niederschlag in einer bsp. besonders hohen Quote ausländischer Mitglieder.

Erst in großen Vereinen steigt die Zahl ausländischer Mitglieder signifikant an.

Einen solchen Unterschied muss man auch für Breitensport- und Wettkampfsportvereine machen.

In Breitensportvereinen sind Migranten eher selten, dafür aber in Wettkampsportvereinen umso häufiger zu finden.

Dies ist Ergebnis einer geringeren sozialen Offenheit gegenüber Ausländern und auch Jugendlichen im Breitensport (Baur, 2003, Kap.7).

Nicht jeder Sportvereins-Typus ist also förderlich für die Integrationschancen von Migranten.

Optimal ist ein großer Sportverein (>1000 Mitglieder), der vornehmlich Wettkampfsport anbietet.

6.3 Bewertung

Auch wenn es keinen Beweis dafür gibt, dass sich die Kontakte zwischen Vereinsmitgliedern in irgendeiner Weise positiv auf deren Sozialisation oder gesellschaftliche Integration auswirkt, gibt es dennoch, gerade gegenüber Migranten, ein überdurchschnittlich offenes und toleranteres Klima, als dies in der Gesellschaft insgesamt der Fall ist.

Dies dürfte nicht einfach nur eine bemerkenswerte Tatsache sein, sondern sich auch praktisch auf das Zusammensein von Einheimischen und Migranten im Sportverein auswirken.

Ich denke, dass Vereinssport für Migranten sehr wohl Türöffnerfunktion haben kann und gute Chancen bietet, Schritt für Schritt an der Gesellschaft teilzuhaben. Das gemeinschaftliche Sporttreiben und der gemeinsame sportliche Erfolg sind Basis intensiver zwischenmenschlicher Kontakte, die ohne weiteres über das Vereinsleben hinausgehen können.

Aus einem „sportkameradschaftlichen" Verhältnis kann sich eine Freundschaft auf privater Ebene entwickeln.

Es entstehen informelle Kontakte und Beziehungen, die Integration fördern können.

Werte, Normen und Verhaltenweisen der Aufnahmegesellschaft können erlernt und internalisiert werden.

Dabei werden genau die Dimensionen der Sozialintegration abgedeckt, die Esser in seiner Theorie beschreibt.

Vereine sind zudem besonders wichtig für die Sozialisation von Kindern.

Durch die gemeinsamen Aktivitäten können bereits in jungen Jahren Vorurteile gegenüber Migranten und deren Kindern abgebaut werden, um so ein Klima von Toleranz und Gastfreundschaft zu schaffen.

Die Teilhabe und Mitgliedschaft in Sportvereinen (und somit am Sport generell) müsste sich also auf die Vernetzung von Migranten in der Aufnahmegesellschaft und somit den gesamten Integrationsverlauf positiv auswirken.

Ein Blick auf 2 Beispiele soll nun klären, ob die bisher aufgestellten Thesen und Erkenntnisse in der Praxis Bestätigung finden.

Zum einen wird die Situation von Migranten im deutschen Ligenfußball, zum anderen die Schwarzen im US-Sport betrachtet.

7.   Praxisbeispiel 1

7.1   Migranten im deutschen Ligenfußball

Frank Kalter untersuchte in seiner Studie „Chancen Fouls und Abseitsfallen" die Situation von Migranten im deutschen Ligenfußball (Badischer und Rheinländischer Fußballverband), um die Mechanismen zu ermitteln, die Assimilation fördern oder behindern und um Bedingungen zu finden, die das jeweilige Gewicht von förderlichen oder hinderlichen Tendenzen bestimmen.

Für diese Prozesse der strukturellen Assimilation und der ethnischen Schichtung sind drei Problemfelder besonders zu
betrachten (vgl. Kalter, 2003, S. 21 -22):

a) Kapital

Der Schlüssel zum Erfolg in hierarchischen Positionierungssystemen sind bestimmte Fähigkeiten, Fertigkeiten und Qualifikationen, wie zum Beispiel Sprache, kulturelle Kenntnisse oder Berufsbildung.

Diese Potentiale fasst man unter dem Begriff des „Humankapitals" zusammen.

Eine Hauptursache für die nachteilige Positionierung von Migranten im gesellschaftlichen Gefüge liegt darin, dass es ihnen, wie bereits gezeigt, an Kapital mangelt.

Im Gegensatz zum Bildungssystem und dem Arbeitsmarkt ist das sportliche Kapital - Die individuelle Leistungsfähigkeit - deutlich unspezifischer und vereinfacht. Unabhängig von individuellen Sprachkenntnissen und Fähigkeiten ist es häufig sogar ohne Kenntnis der Regeln möglich, sofort am sportlichen Geschehen teilzuhaben. Gerade auch deshalb wird Sport als ein bevorzugtes Mittel der Aufwärtsmobilität von Minderheiten gesehen.

b) Diskriminierung

Eine weitere Erklärung für den unterschiedlichen Erfolg von Einheimischen und Migranten in vertikal differenzierten Systemen liegt in der Existenz von Diskriminierungen.

Es lässt sich jedoch feststellen, dass diskriminierende Handlungsweisen oder institutionelle Regelungen umso unwahrscheinlich werden, je stärker die Wettbewerbsstrukturen in einem System sind.

Im System des organisierten Wettkampfsports, wie beispielsweise dem Ligenfußball, ist der Konkurrenzkampf nun auf besondere Weise legitimiert und institutionalisiert.

Schiedsrichter, Wettkampfrichter, Sportgerichte und Verbände sorgen für ein Maximum an Chancengleichheit. Diskriminierungen sind kontraproduktiv für das Ansehen von Sportarten, Vereinen und Verbänden. Sie wirken sich negativ auf die Leistungen der Spieler und Mannschaften aus.

Deshalb wird Diskriminierung, soweit möglich, vermieden.

c) Segregation

Umstritten scheint in der Integrationsforschung zu sein, welche Rolle ethnische Vergemeinschaftungen und Segregationen (Ghettobildung, „Ausländerclub", etc.) haben können. Positive Folgen ethnischer Segregation sind wohl nur wahrscheinlich, wenn das für den Erfolg relevante Kapital sehr kulturspezifisch ist oder wenn erhebliche Diskriminierungen seitens der Gesellschaft vorliegen.

Dies ist im Ligenfußball nicht der Fall, weshalb man davon ausgehen muss, dass ethnische Segregation im Sport nachteilige Auswirkungen auf die Erfolgschancen hat.

Diese Felder werden im folgenden Textabschnitt wieder aufgegriffen und weiter verdeutlicht.

Kalter hat in seiner Studie einige interessante Ergebnisse vorgestellt, die durchaus Ähnlichkeiten zwischen gesellschaftlicher Positionierung und Positionierung im Ligenfußfall aufweisen und möglicherweise Rückschlüsse auf die Integration von Migranten zulassen (vgl. Kalter, 2003, Kap. 2.6, 5.4, 6.5, 7 -10). So kommt er zu dem Ergebnis, dass der Anteil der ausländischen Spieler in den untersuchten Fußballverbänden in etwa dem Ausländeranteil in der umgebenden Bevölkerung entspricht, wobei es in den verschiedenen Regionen kleine Abweichungen nach „Oben" wie „Unten" gibt.

In der Datenbank des Badischen Fußballverbandes liegt der Ausländeranteil bei 17,0%, während sich der Ausländeranteil in der Gesamtbevölkerung auf nur 13,5% beläuft.
Spezifiziert man diese Ergebnisse und betrachtet nur die „fußballspielende" Altersgruppe der 10-34-jährigen Ausländer ergibt sich ein Bevölkerungsanteil von 17,3% und ein Anteil von 19,9% bei den Fußballern.

Im Fußballverband Rheinland sind die Ergebnisse etwas anders. Der Ausländeranteil an der Gesamtbevölkerung beträgt allgemein 6,6%, bzw. 9,5% bei den 10-34-jährigen. Unter den Fußballern haben Ausländer einen allgemeinen Anteil von 9,5%, bzw. 7,3% bei den 10-34-jährigen.

Allgemein gilt: Besonders in Ballungszentren, wo hohe Ausländeranteile zu verzeichnen sind, ist auch im Ligenfußball ein Trend zur Überrepräsentation von Migranten in den Vereinen feststellbar. In den ländlichen Regionen ist die Repräsentanz eher weniger ausgeprägt.

Dies kann als Hinweis darauf gelten, dass im Gegensatz zu anderen Teilbereichen der Gesellschaft, wie beispielsweise Bildungssystem oder Arbeitsmarkt, im Sport Migranten deutlich seltener und weniger stark unterrepräsentiert sind.
Über die Geburtskohorten haben Migranten immer mehr eine dem Bevölkerungsanteil angemessene Einbindung in die Verbände der untersuchten Regionen gefunden.
Bei jüngeren Jahrgängen besteht gar der Trend zur Überrepräsentation von Migranten.

Zudem hat Kalter die Verteilung von Ausländern auf die einzelnen Mannschaften untersucht, um ggf. Segregationstendenzen zu ermitteln.

Dabei ist deutlich geworden, dass segregative Strukturen je nach Region und Nationalitätengruppe sehr unterschiedlich ausgeprägt sind.

Gerade in Ballungszentren wie Mannheim oder Karlsruhe sind ausländische Spieler relativ gleichmäßig auf die Teams verteilt.

Nur etwa 25-30% der Spieler müssten für eine perfekt gleichmäßige Verteilung den Verein wechseln.

In ländlichen Regionen wie Tauberbischofsheim oder den Kreisen Rhein-Ahr, Mosel etc. jedoch müssten dies über 40% der Spieler tun.

Vor allem bei Italienern sind Segregationstendenzen sehr stark ausgeprägt (vgl. Kalter, 2003, Kap. 2.4 und S.47, Tabelle 2-8).

Insgesamt ist festzuhalten, dass mit steigender Ligenhöhe das Ausmaß der Segregation geringer wird.

Ebenso ist über die Kohorten ein Trend zur Abnahme segregativer Tendenzen zu erkennen.

Aber auch der Ausländeranteil wird mit zunehmender Ligenhöhe geringer.

Nur in den unteren Ligen ist eine Häufung ethnisch abgegrenzter „Ausländerclubs" vor allem im Seniorenbereich festzustellen (vgl. Kap.7.1.3).
Die Qualität des Wettkampfes scheint die "Vermischung" und Integration zu erhöhen. Diskriminierungs- und Segregationstendenzen scheinen sportlichen Erfolg zumindest zu behindern.
In höheren Ligen sind keine „Ausländerclubs" anzutreffen.

Wichtig für die Wahl des Vereins, am Beginn der sportlichen Betätigung, ist der Wohnstandort. Gerade in unteren Klassen ist der nächst erreichbare Verein aber häufig ein ethnisch geschlossener „Ausländerclub" mit allen negativen

Konsequenzen für die Integration der Mitglieder. Räumliche Segregation findet dadurch ihre Fortsetzung.

In jüngeren Jahrgängen existiert in allen Ligen eine deutliche Überrepräsentation von Migrantenkindern in den Vereinen.

Dies kann das Resultat abnehmender Segregation und besserer Integration sein.

Es ist jedoch auch denkbar, dass es an deutschem Nachwuchs mangelt und Migrantenkinder, mangels Konkurrenz, leichter zum Sport finden, ja gebraucht werden, um den Spielbetrieb aufrechterhalten zu können.

Der bereits beschriebene Zusammenhang zwischen dem Erwerb von Gütern (Humankapital) und gesellschaftlichen Positionen bzw. Schichtungen lässt sich auch auf den Sport übertragen. Torerfolge, Meisterschaften, Sieg- und Werbeprämien verschaffen soziale Anerkennung und gerade in oberen Ligen sowie im Profisport generell, deutlich bessere gesellschaftliche Positionen.

Entscheidend ist hierbei ganz allein die sportliche Leistungsstärke als relevantes Humankapital. Schul- und Berufsbildung sowie Sprachkenntnisse sind quasi irrelevant, weil für den sportlichen Erfolg bedeutungslos.

Ausländische Fußballprofis beweisen jedes Wochenende aufs Neue, dass auch ohne wesentliche Kenntnisse von Sprache und Kultur gute Leistungen und hohe gesellschaftliche Anerkennung möglich sind.

Die Entwertung von Migranten durch die Gesellschaft aufgrund „defizitären Humankapitals" findet hier nicht statt, im Gegenteil: Häufig sind es gerade die Sportler aus dem Ausland, die bei den Fans das höchste Ansehen genießen und zu Vorbildern von jungen Deutschen und Migranten werden.

Neben der individuellen Leistungsfähigkeit kann jedoch das ökonomische, soziale und kulturelle Kapital eine Rolle beim Zugang zum Sport spielen (vgl. Kalter, 2003, Kap. 7).

Ökonomisches Kapital wird dann wichtig, wenn es beispielsweise darum geht, ein Auto zu besitzen, mit dem man zum Trainingsgelände fahren kann oder man sich ein paar Fußballschuhe kaufen muss.

Soziales Kapital kommt dann ins Spiel, wenn man die Möglichkeit hat im Auto eines Freundes mitzufahren oder man jemanden kennt, bei dem man die Fußballschuhe billiger kaufen kann.

Kulturelles Kapital spielt eine Rolle beim informellen Zugang zu Informationen über den Ansprechpartner eines Vereins, Mitgliedsbeiträge oder Anmeldeformalitäten.

„Nicht-sportliche" Kapitalien können also Einfluss auf den Erwerb sportlicher Fähigkeiten haben.
Nun schreibt man Migranten gerade in diesen Bereichen, dem „Humankapital", gewisse Mängel zu.

Solche „Kapitalmängel" treten vor allem dann in den Vordergrund, wenn es um den Zusammenhang zwischen sozialer Schichtung und der Art der Sportausübung geht.
Migranten haben möglicherweise keinen Zugang zum Sportverein, da die informellen Kontakte oder das sprachliche Vermögen nicht ausreichend sind und die finanziellen Mittel zu gering sind, um die Kosten für bsp. die Sportausrüstung aufzubringen.

Generell werden „günstige" und einfach zugängliche Mannschafts-, Kraft- und Wettkampfsportarten wie beispielsweise Fußball oder Boxen vor allem in unteren Schichten betrieben, während in oberen Gesellschaftsschichten eher „teure" Individualsportarten wie Golf oder Tennis bevorzugt werden.
Soziale Herkunft und Schichtzugehörigkeit hängen also sehr stark mit Ausmaß und Art des Sportreibens zusammen.

Doch steht auch der Karriereerfolg in engem Zusammenhang mit der sozialen Herkunft.

Dies liegt daran, dass Kapital die Tendenz zur Akkumulation hat, d.h. dort, wo schon viel Kapital vorhanden ist, kommt in der Regel noch viel dazu.

Somit sollte es Sportlern aus unteren Schichten (also auch Migranten) weniger gut gelingen in Spitzenpositionen zu kommen, da sie sich in schlechteren Ausgangspositionen befinden und nur unzureichend mit „Kapital" ausgestattet sind.

Wenn es aber Migranten trotz aller Widrigkeiten schaffen in einer Sportart gemäß ihrem Anteil an der Bevölkerung repräsentiert zu sein, ist dies sicherlich ein Hinweis darauf, dass sich Kapitalmängel im Sport sehr einfach ausgleichen lassen und gelungene Integrationsleistungen vorliegen.

Kalters Studie (vgl. Kalter, 2003, Kap. 6 und 7) untersuchte ebenso welchen Einfluss ökonomische, kulturelle oder soziale Kapitalien (Bildungsniveau, Sprache, Freundschaftsbeziehungen) für den sportlichen Erfolg haben können.

So wurde beispielsweise untersucht in wie weit eine Annäherung im Bildungsverhalten besteht. Im Blickpunkt stand dabei unter anderem die Sprache.

Fußballspielende Migranten haben im Mittel deutlich bessere Sprachkenntnisse als die Vergleichsbevölkerung, wobei die älteren Jahrgänge besser Abschneiden.

Diese Unterscheide nehmen jedoch mit den Geburtsjahrgängen (in Bezug Fußballer geboren nach 1980) ab. Es sind in den jüngsten Altersgruppen sogar Verschlechterungen feststellbar.

Ähnliches gilt für die Schulbildung.

Nur 8% der jungen Fußballer mit Migrationshintergrund haben einen hohen, 31% einen mittleren Bildungsabschluss. Auch hier liegen die Senioren deutlich besser.

Im Vergleich dazu haben 31% der deutschen, fußballspielenden Jugendlichen einen hohen, bzw. 40% einen mittleren Schulabschluss.

Wenn also einerseits die Sprache und das Bildungsniveau, als Grundvoraussetzung für Zugang und Erwerb gesellschaftlich relevanter Kapitalien, von jugendlichen Fußballern mit Migrationshintergrund immer schlechter beherrscht bzw. niedriger wird, diese andererseits aber überrepräsentiert sind, scheinen die gesellschaftlichen Zugangsbarrieren zum Fußball eher gering auszufallen, bzw. Sprache und Bildung keine Rolle zu spielen.

Die Betrachtung des Freundeskreises (vgl. Kalter, 2003, Kap.6.2) von Fußballspielern mit Migrationshintergrund macht deutlich, dass diese Spieler über einen, verglichen mit anderen Untersuchungen der Gesamtgesellschaft, besonders hohen Anteil an Freundschaftsbeziehungen mit Deutschen verfügen.

Bei den befragten Fußballern haben Türken unter ihren 3 besten Freunden nur zu 53% keinen Deutschen, bzw. haben 34% wenigstens einen deutschen besten Freund.
Deutsche haben unter den 3 besten Freunden nur zu 65% keinen Migranten.
80% haben unter den 3 besten Freunden wenigstens 1 Migranten.

Insgesamt ist der Deutschen- bzw. Migrantenanteil innerhalb der Freundschaftsbeziehungen recht hoch. Die interethnischen Kontakte sind also sehr stark ausgeprägt.

Freundesnetzwerke (vor allem interethnische) vermitteln Informationen und Gelegenheit für die Partizipation am Sport und Sportverein.
Der Sportverein wiederum trägt zu sozialen Kontakten zwischen Migranten und Deutschen bei.

Ein weiterer Hinweis darauf, dass Sport als verbindendes Element Bevölkerungsgruppen zusammenführen kann und Migranten über das Vereinsleben hinaus Kontakte knüpfen können, die sich positiv auf ihre Integration auswirken können.

Ein anderes Ergebnis der Studie bezieht sich auf die Leistungsmotivation bei jungen Fußballspielern (vgl. Kalter, 2003, kap.7), die bei Deutschen eher geringer ausfällt, als bei Türken bzw. Migranten generell.

So sind junge Türken wesentlich positiver gegenüber Training, gesundem Lebensstil und Beruf „sausen" lassen eingestellt, als die deutsche Vergleichsgruppe. Auch die Familie und die Schule würden für den sportlichen Erfolg bereitwilliger „geopfert".

Bemerkenswert ist auch die Tatsache, dass Deutsche signifikant häufiger bereit sind als junge Türken auf das Fußballspielen zu verzichten, wenn der schulische Erfolg dies verlangt.

Dies deutet darauf hin, dass der mögliche sportliche Erfolg für Migranten eine wesentlich größere Bedeutung besitzt, als Bildung und berufliche Karriere.

Anders ausgedrückt: Migranten sehen für sich in der Schule und dem Bildungssystem generell, wohl keine so großen Chancen auf Bestätigung und „Karriere", wie im Sport.

Kalter hat aber auch festgestellt, dass ein niedrigeres Bildungsniveau den Vorstoß in höhere Ligen erschwert und die Aufstiegschancen im Sport behindert.

Aber: Schlechtere Ausgangschancen werden oftmals durch größeres Talent und Engagement ausgeglichen, wodurch die deutsche Vergleichsgruppe bezüglich sportlicher Leistungen sogar noch übertroffen wird.

Die Bildungsvoraussetzungen scheinen für die Zugangsmöglichkeiten zum Sport nicht relevant.

Zudem ist gerade bei jüngeren deutschen Spielern eine besonders positive Einstellung gegenüber ausländischen Mitspielern festzustellen.

Diese Akzeptanz nimmt mit zunehmender Zahl der ausländischen Spieler sogar noch zu.

7.2   Zugangsbarrieren im Sport

Es ist festzuhalten:

Leistungsfähigkeit ist im Fußball und im Sport generell das wichtigste (Human-) Kapital. Sie ist mehr oder weniger leicht zu definieren, für jeden unmissverständlich und frei von gesellschaftlichen Einflüssen.

Dennoch gibt es in Kalters Studie zahlreiche Faktoren, die den sportlichen Erfolg beeinflussen, ja behindern können (siehe Kalter, 2003, Kap.7).

So sind gewisse Benachteiligungen von ausländischen Spielern durch Trainer festgestellt worden.
Türkische Spieler gehören beispielsweise seltener zur Wunschelf ihrer Trainer als andere Migranten oder Deutsche.
Ebenso kann es sein, dass Trainer einen talentierteren ausländischen Jugendlichen eher auf der Bank sitzen lassen, damit der deutsche Mitspieler zum Einsatz kommen kann, dessen Eltern jedes Wochenende ihr Auto zur Verfügung stellen, um die Mannschaft zu Auswärtsspielen zu transportieren (Konzessionsentscheidung).
Solche Benachteiligungen sind jedoch kaum feststellbar. Sie beschränken sich auf weniger erfolgsorientierte Trainer in unteren Ligen.

Ebenfalls von Bedeutung für den sportlichen Erfolg ist das Einstiegsalter.
Im Seniorenbereich haben Fußballer mit Migrationshintergrund etwa 3,5 Jahre später mit dem Fußballspielen begonnen, als die deutsche Vergleichgruppe.
Bei den Jugendlichen liegen Migranten nur noch 1,5 Jahre über dem Einstiegsalter deutscher Mannschaftskameraden.
Das Anfangsalter hat signifikanten Einfluß auf die Ligenhöhe in der ein Spieler aktiv ist, bzw. seine Chancen sich erfolgreich zu positionieren.
In Senioren- wie in Jugendligen haben Spieler höherer Klassen durchschnittlich 1-2 Jahre früher mit dem Fußballspielen begonnen.

Spieler höherer Klassen haben jedoch auch allesamt in höherklassigen Clubs begonnen.

Vor allem Migranten beginnen in deutlich besseren Clubs als die deutsche Vergleichgruppe. Somit können eventuelle Nachteile beim Einstiegsalter durch höheres Einstiegsniveau leicht kompensiert werden.

Sportverhalten, Bildung und Schichtung der Eltern beeinflussen das Sportengagement der Kinder ebenfalls.

Hat beispielsweise der Vater selbst Fußball gespielt oder eine hohe Schulbildung, beginnt der Sohn durchschnittlich ein Jahr früher mit dem Fußballspielen.

Allgemein ist Bildung für den Zugang zum Sport letztlich unerheblich, doch für eine erfolgreiche Positionierung in hohen Ligen gilt folgendes:

Die Chance bei einem hochklassigen Club zu spielen steigt um das 2,6-fache, wenn der Spieler statt eines niedrigen zumindest einen mittleren Bildungsabschluss hat.

Aber der hoch legitimierte und institutionalisierte Wettbewerb verringert Diskriminierung und Segregation (mit steigender Ligenhöhe) gleichermaßen.

Zwar ist Diskriminierung auch im Sport zu finden, doch scheint belegt, dass sie auf Dauer nicht aufrechterhalten werden kann und abnimmt, weil sie den sportlichen Erfolg behindert.

Sport bietet auf jeden Fall die Chance zur Partizipation an begehrten Gütern und auf die Erreichung gesellschaftlicher Positionen.

Wie sehr dies der Fall ist, hängt letztlich davon ab auf welchem Niveau (Ligenhöhe) sich die sportliche Betätigung abspielt.

Entscheidend dafür ist wiederum die individuelle Leistungsfähigkeit.

Die Studie weist aber auch darauf hin, dass gerade im Sport, bei gleich guten Startbedingungen, die Karrierechancen und Positionierung von Migranten besser sein könnten.

Dies hat Sport wohl mit der gesamtgesellschaftlichen Situation von Migranten gemein.

Wie schon bei der Betrachtung der Sportvereinsmitglieder im Kapitel 6, so sind auch bei den Fußballern deutliche Hinweise auf intensive interethnische und interkulturelle Kontakte zu finden. Auch hier ist nicht nur die Einstellung gegenüber anderen Nationalitäten sehr positiv und aufgeschlossen, sondern es sind auch ausgeprägte Freundschaftsbeziehungen feststellbar.

Der von Frank Kalter untersuchte Ligenfußball ist ein Beispiel für gelungene Integration von Migranten in das gesellschaftliche Subsystem Sport.

Sport ist für Migranten leichter zugänglich, als andere Bereiche der Gesellschaft .

Zwar gibt es auch hier gewisse Benachteiligungen und Einschränkungen, doch Kapitalmängel in den Bereichen Sprache, Bildung etc. haben keinen signifikanten Einfluss auf die Zugangsmöglichkeiten und können den sportlichen Erfolg lediglich behindern oder verzögern. Sie haben eher geringe Auswirkungen.

Treten solche Mängel im Schulsystem oder Arbeitsmarkt auf, ist schon der Zugang und somit der Erfolg völlig ausgeschlossen!

Genau darin liegt die große Chance, die Sport den Individuen bietet, begründet.

7.3   Ethnisch geschlossene „Ausländerclubs"

Sehr kritisch wird allgemein die auch von Kalter beobachtete Gründung oder Teilhabe an ethnisch geschlossenen „Ausländervereinen" bewertet.
Migranten übernehmen hier zwar einerseits die deutsche Vereinsstruktur, bleiben jedoch in ihren sportlichen Aktivitäten unter sich.

Im Gegensatz zur gesamtgesellschaftlichen Betrachtung stehen die Präferenzen für (ethnische Segregation in) eine reine „Ausländermannschaft" aber in keinem Zusammenhang mit dem Grad der Integration in die deutsche Gesellschaft.

Zum einen bestimmt oftmals die ethnische Bewohnerstruktur des Vereinsumfeldes auch die ethnische Zusammensetzung des Teams.
Kalter hat festgestellt, dass die räumliche Nähe die Vereinswahl beeinflusst.

Auch die individuellen Segregationstendenzen der Spieler beeinflussen die Teamauswahl nur in zu vernachlässigend geringem Maße.

Gleichwohl ist jedoch festzustellen, dass gerade Spieler in ethnisch geschlossenen Teams deutlich weniger interethnische Kontakte haben.
Sie haben zu 17% weniger deutsche Freunde als andere fußballspielende Migranten.
Dies muss jedoch nichts mit einem mangelnden Interesse an interethnischen Kontakten zu tun haben, sondern kann alleine in der Zusammensetzung der Mannschaften begründet sein.
Migranten, die in gemischten Mannschaften mit vielen Deutschen zusammenspielen, könnten somit ganz automatisch auch mehr Kontakte zu Deutschen haben.

Festzuhalten ist aber, dass ethnisch geschlossene Ausländerclubs nur in unteren Klassen zu finden sind.

Es bestätigt sich somit, das Segregation, ähnlich wie Diskriminierung den sportlichen Erfolg verhindert und in höheren Klassen tendenziell nicht mehr zu finden ist.

Die Teilhabe an ethnisch geschlossenen Ausländervereinen ist für die Integration von Migranten, mangels interethnischer Kontakte sicherlich nicht förderlich, sagt jedoch über die Integrationsbereitschaft und -chancen eines Migranten nichts aus und sollte nicht überbewertet werden.

8. Praxisbeispiel 2

8.1 Schwarze im US-Sport

Ebenfalls ein gutes Beispiel für die Betrachtung der Zusammenhänge zwischen Sport, Integration und Gesellschaft sind die Schwarzen im US-Sport.
Diese sind, vergleichbar mit der Situation von Migranten in Deutschland, ebenfalls in vielerlei Hinsicht gesellschaftlich benachteiligt.

In zahlreichen Studien wurden in den vergangenen Jahrzehnten die 3 großen US-Sportarten Baseball, Basketball und Football, gerade auch im Hinblick auf Diskriminierung von Schwarzen, immer wieder intensiv untersucht.

Es zeigte sich, dass rassistische Tendenzen in der amerikanischen Gesellschaft auch im Sport zu finden sind, wenngleich diese seit den 90er Jahren deutlich zurückgegangen sind.
Der US-Sport ist also, in Bezug auf den Umgang mit Minderheiten, Spiegel der amerikanischen Gesellschaft.

Diskriminierungen treten in verschiedenen Bereichen auf:
Es sind Unterschiede zwischen weißen und schwarzen Sportlern sowohl in Bezug auf Gehälter, als auch in Bezug auf Zuschauerpräferenzen, Besetzung von Spielpositionen oder Behandlung durch die Schiedsrichter in den oben genannten Sportarten festgestellt worden.

Bevor dies im Detail veranschaulicht wird, ist auf folgendes hinzuweisen:
Schwarze stellen in den USA nur ~12% der Gesamtbevölkerung bzw. der Beschäftigten, zugleich aber sind nahezu 100% der Schwergewichtsboxer, ~60% der Basketballer, ~40% der Footballspieler und ~20% der Baseballspieler schwarzafrikanischer Herkunft (die Zahlen variieren je nach Studie, bsp. Kalter, 1999 oder Kahn, 1991).

Es wird deutlich, dass Sport für eine ansonsten eher unterprivilegierte Bevölkerungsgruppe, offensichtlich eine reale Möglichkeit ist, aus der gesellschaftlichen Deprivation zu entfliehen.

Gründe dafür wurden in den vorangegangenen Kapiteln aufgezeigt.

Ebenso ist zu betonen, dass sich die Diskriminierung im US-Profisport auf einem Niveau abspielt, von dem die meisten schwarzen wie weißen Menschen in den USA nur träumen können. Schließlich geht es ausnahmslos um Gehälter in Millionenhöhe.

Wenn also Mitte der 80er Jahre die Lohnunterschiede bei schwarzen und weißen Basketballspielern 10-25% betrugen, bedeutet dies dennoch, dass in der Saison 1988-1989 unter den Spielern mit mehr als 3 Mio. Dollar Jahresgehalt 80% Schwarze waren (vgl. Kahn, 1991). Diskriminierung auf „allerhöchstem Niveau" also.

Nichtsdestotrotz waren diese doch beachtlichen Lohn-Unterschiede vorhanden und schwarze Spieler fühlten sich für ihre Leistungen nicht ausreichend gewürdigt.

Im Baseball sind Lohndiskriminierungen seit den 60er Jahren quasi verschwunden, wobei davon nur minimal Hispanics betroffen waren.

Im Football sind sie sogar nie nachgewiesen worden.

Auch im Basketball, so belegen neuere Untersuchungen, ist von Lohnbenachteiligungen schwarzer Spieler nichts mehr festzustellen (vgl. Price & Wolfers, 2007).

Es gelingt Schwarzen in den USA also durch den Sport Positionen zu erreichen, die von hoher Qualität, in Bezug auf Einkommen, Ansehen und Prestige sind.

Aber eines fällt, auch im Zuge der Suche nach Ursachen für Lohndiskriminierung, auf:

Schwarze sind auf zentralen Spielpositionen aller 3 Sportarten ebenso selten zu finden, wie in den verantwortungsvollen (Macht-)Positionen als bsp. Trainer, Manager, Clubbesitzer oder Verbandsfunktionär.

Sie haben zwar einerseits eine überdurchschnittlich große Teilhabe am Sport „auf breiter Front", doch nur wenigen gelingt der Zugang bzw. die Besetzung der absolut zentralen Positionen.

Es spielt auch hier die Ausstattung mit speziellen Kapitalien (ökonomisches, soziales, kulturelles Kapital), über die eigene sportliche Leistungsfähigkeit hinaus, eine wichtige Rolle für die Teilhabe am Sport.

Die Besetzung zentraler Spielpositionen ist Forschungsergebnissen zufolge mit erhöhtem Aufwand und Bedarf an Ausrüstung, Training und Coaching schon im Jugendalter verbunden.

Da schwarze Sportler mehrheitlich aus unterprivilegierten Schichten und Haushalten stammen, sehen sie sich bereits im Kindes- und Jugendalter gewissen Hürden gegenüber, die sie nicht überwinden können und somit gezwungen sind auf andere Positionen auszuweichen.

Auch Trainerpräferenzen kommen hier mit ins Spiel.

Trainer im US-Sport sind überwiegend Weiße und waren selbst als Spieler auf zentralen Spielpositionen eingesetzt.

Somit neigen sie wohl dazu in ihren eigenen Teams dieselben Positionen dann ebenfalls mit weißen Spielern zu besetzen
(vgl. Kahn, 1991 und Price & Wolfers, 2007).

Diskriminierung kann aber auch durch Zuschauerverhalten erfolgen.

Für die NBA ist nachgewiesen, dass das Ersetzen eines schwarzen Basketballers durch einen weißen, den Zuschauerschnitt eines Clubs um 5700-13000 pro Saison anheben kann!

Primär hängt die Zuschauerzahl aber von der Bewohnerstruktur des Vereinsumfeldes ab. Je mehr schwarze Bewohner hier zu finden sind, desto geringer wird die Zuschauerzahl insgesamt (vgl. Kahn, 1991).

Diskriminierung ist jedoch kein ausschließlich auf schwarze Sportler begrenztes Phänomen.

Im Profitennis sind zum Teil deutliche Unterschiede im Preisgeld zwischen Männer und Frauen feststellbar (Kahn, 1991) und eine neue Untersuchung des Schiedsrichterverhaltens in der NBA zeigt, dass schwarze und weiße Spieler gleichermaßen Benachteiligungen ausgesetzt sind, wenn die Hautfarbe oder ethnische Herkunft des Spielers nicht mit der des Schiedsrichterteams übereinstimmt.

Price & Wolfers (vgl. Price & Wolfers, 2007) haben dabei auf Basis einer großen Datenmenge sehr interessante Ergebnisse ermittelt:

So werden gegen schwarze oder weiße Spieler 4% weniger Fouls gepfiffen, wenn das aus 3 Personen bestehende Schiedsrichterteam mehrheitlich dieselbe Hautfarbe wie der Spieler hat!

Ebenso erhöht sich bei gleicher ethnischer Herkunft die Zahl der erzielten Punkte um 2,5%!

Damit hat die Hautfarbe des Schiedsrichters (oder Spielers) signifikanten Einfluss auf den Erfolg einer Mannschaft.

Die Siegchancen einer rein schwarzen Mannschaft steigen um 3,4%, wenn sie von einem rein schwarzen Schiedsrichterteam gepfiffen wird.

Selbiges gilt im Umkehrschluss auch für weiße Spieler, die von weißen Schiedsrichtern gepfiffen werden.

Angesichts der Tatsache, dass 68% der NBA-Schiedsrichter weiß, jedoch 83% der Spieler schwarz sind, ist es nicht verwunderlich, wenn nur 48,6% der schwarzen Spieler ihre Spiele gewinnen, aber 51,8% der weißen Spieler siegreich sind.

Würde man die ethnische Herkunft der Schiedsrichterteams an jener der Mannschaften ausrichten, wäre mit einer Steigerung der Siegchancen schwarzer Spieler auf 50,5% zu rechnen bzw. mit einer Absenkung der Erfolgsquote weißer Spieler auf 50,4%

Ebenso haben Price & Wolfers herausgefunden, dass 21 von 29 schwarzen Referees eher unterdurchschnittlich wenige Foulspiele schwarzer Spieler pfeifen, dafür aber 34 von 55 weißen Schiedsrichtern eher überdurchschnittlich viele Foulspiele schwarzer Spieler ahnden.

Bezugnehmend auf frühere Studien machen sie darauf aufmerksam, dass bereits das Tragen schwarzer Trikots die Foulquote einer Mannschaft signifikant erhöhen kann!

In Anbetracht der Tatsache, dass das Schiedsrichterwesen in der NBA von großer Transparenz ist, sind die Untersuchungsergebnisse doch einigermaßen verblüffend und eigentlich nicht zu erklären.

8.2 Diskriminierung im Sport

Es bestätigt sich bei der Betrachtung des US-Sports einmal mehr die These, dass Sport, als Spiegel der Gesellschaft, nicht nur die positiven, sondern auch die negativen Seiten derselben aufweist.

Diskriminierungen in der amerikanischen Gesellschaft fanden und finden auch im Profisport ihre Fortsetzung.
Dabei zeichnen sich verschiedene Ebenen der Diskriminierung ab.
Es wurden Lohndiskriminierungen, Positionsdiskriminierungen, Zuschauerdiskriminierungen und, wenn man den Tennissport hinzuzieht, auch Geschlechterdiskriminierungen festgestellt.

Jedoch sind diese im Verlauf der Zeit, zumindest im Bereich der Gehälter, in allen Sportarten fast komplett verschwunden.
Neuere Untersuchungen von Heaton (vgl. Heaton, 2005) und Broyles & Keen (vgl. Broyles & Keen, 2005) bestätigen dies eindeutig.

Sie finden keine Hinweise mehr auf Lohndiskriminierung oder Diskriminierungstendenzen beim Publikum.
Im Gegenteil: Schwarze Spieler erfreuen sich größter Wertschätzung und gehören zu wertvollsten ihrer Sportart.

Bei der Erklärung des Verschwindens von Diskriminierung sind sich die Experten einig:
Auf Dauer ist Diskriminierung im Sport kontraproduktiv für die Leistung und den Erfolg der Mannschaft sowie Produktivität und Gewinn des Vereins.
Dies ist vor allem dann der Fall, wenn, wie im US-Sport nachgewiesen, schwarze Basketballer oder Baseballer mehr Spielzeit haben, mehr Punkte erzielen und somit die Siegchancen eines Teams mit zunehmender Zahl schwarzer Spieler steigt (vgl. Kahn, 1991).

Es ist also ratsam alleine nach der Leistungsfähigkeit eines Spielers darüber zu entscheiden, ob er spielt und wie viel er dafür gezahlt bekommt.

Nur wenn die ethnische Herkunft der Spieler für die sportlichen und wirtschaftlichen Entscheidungen eines Vereins keine Rolle spielt, wird sich dauerhaft Erfolg einstellen (vgl. Kalter, 2003, Kap. 9).

Insgesamt bilden Schwarze in allen Massen- und Volkssportarten der USA eine große Mehrheit, bzw. sind deutlich darin vertreten.

Die Zugangsvoraussetzungen zum Sport erscheinen, wie bereits in anderen Teilen dieser Arbeit erwähnt, sehr niedrigschwellig.

Aber: Die erhöhten Kostenaufwendungen, die notwendig sind, um bereits im Jugendalter den maximalen sportlichen Ertrag (über die Besetzung zentraler Positionen) erzielen zu können, stellen für die meisten jungen Schwarzen ein kaum zu überwindendes Hindernis dar.

Wie schon den Migranten im Ligenfußball gelingt es auch ihnen sich trotz dieser „Startbenachteiligungen" dennoch sehr eindrucksvoll zu positionieren, wenngleich die absoluten Toppositionen nur selten erreichbar sind.

Bei Gehältern in Millionenhöhe dürfte es sich jedoch verschmerzen lassen, eine bestimmte Spielposition nicht inne zu haben.

Trotz der insgesamt hohen Zahl schwarzer Sportler in den populären Sportarten, sind sie in den Sportarten der „upper-class" quasi nicht zu finden.

Die Ausübung einer bestimmten Sportart ist immer auch davon abhängig mit welchem Kostenaufwand diese verbunden ist.

Dadurch ergeben sich automatisch Zugangsbeschränkungen für Individuen, die selten aus dem kompletten Sport-Angebot auswählen können, sondern für bestimmte Sportarten oftmals einfach nicht die benötigte Kapitalausstattung oder gesellschaftliche Stellung haben (vgl. Weiß, 1999, Kap. 4).

Es bestätigt sich auch im US-Sport der Eindruck, dass es benachteiligten Bevölkerungsgruppen dennoch gelingt sich im Sport durchzusetzen und erfolgreich zu positionieren.

Zwar sind auch hier verschiedene Benachteiligungen und Diskriminierungen feststellbar, doch wie schon im Ligenfußball können sie den sportlichen Erfolg von Schwarzen im US-Sport nicht verhindern, sondern allenfalls verzögern.

9. Fazit

Ausgangspunkt dieser Arbeit bildete die Betrachtung der Lebenslagen von Migranten in der BRD.

Dabei ist deutlich geworden, dass Migranten in fast allen Bereichen der Gesellschaft große Probleme haben Fuß zu fassen und sich erfolgreich zu positionieren.

Zwar scheinen in den letzten Jahrzehnten die Abstände zwischen Migranten und Einheimischen, vor allem im generationalen Wandel, abgenommen zu haben, dennoch bestehen auch in der zweiten und dritten Migrantengeneration noch deutliche Unterschiede zur deutschen Vergleichsgruppe.

Gerade in den jüngeren Jahrgängen ist sogar wieder ein Trend in die Gegenrichtung, sprich eine Verschlechterung in den Bereichen Sprache, Bildung etc. festzustellen.

Es folgte ein Blick auf den Integrationsverlauf wie er von Hartmut Esser in der Theorie beschrieben wird.

Dieser ist ein hochkomplexer, vielschichtiger Vorgang, der besonders Migranten vor große Schwierigkeiten stellen kann.

Von zentraler Bedeutung für eine erfolgreiche Integration und Teilhabe an der Aufnahmegesellschaft ist dabei der Erwerb bestimmter „Kapitalien" wie Sprache, Bildung oder interethnische Kontakte auf verschiedenen Ebenen.

Migranten sind nun üblicherweise nur unzureichend mit den relevanten Kapitalien ausgestattet, da die aus dem Herkunftsland mitgebrachten Fertig- und Fähigkeiten in der Aufnahmegesellschaft kaum verwertbar sind.

Welches „Kapital" in einer Gesellschaft wichtig ist und auf welche Art und Weise es erreicht werden kann, gibt allein die Aufnahmegesellschaft vor.

Für Migranten stellt diese Tatsache oftmals eine kaum zu überwindende Hürde dar.

So kommt es, dass Migranten mehrheitlich nur in geringem Maße an den gesellschaftlich relevanten Ressourcen teilhaben können.

Dadurch entsteht ein zeitlebens immer größer werdendes Defizit an Chancen gesellschaftlicher Positionierung und sozialer Integration.

Es ist also nicht verwunderlich, dass von einer gelungenen Integration der klassischen Arbeitsmigranten nicht die Rede sein kann.

Welche Gründe auch immer diesen Integrationsprozess behindern, fest steht, dass alle Individuen, egal ob Einheimische oder Migranten, bestimmte Ziele wie bsp. soziale Anerkennung, Gesundheit oder Reichtum anstreben.

Diese Ziele sind jedoch nicht direkt, sondern vornehmlich indirekt zu erreichen, indem man Teilhabe an bestimmten Ressourcen erlangt.

Wenn nun materielle und imaterielle Kapitalausstattung für die Teilhabe an der Gesellschaft nicht ausreicht, werden sich die Individuen entweder zurückziehen oder nach alternativen Formen der Bestätigung und Posotionierung suchen.

Hier bietet sich der Sport an. Das hier wichtigste Kapital, die individuelle sportliche Leistungsfähigkeit ist unspezifisch, also generalisierbar und scheinbar absolut unabhängig von den sonstigen Maßstäben und Regeln der Teilhabe an der Gesellschaft.

Der Soziologe Max Horkheimer (in Vaz, 2004)
beschreibt Sport wie folgt:

„Sport ist eine bedeutsame Hilfe, um jungen Menschen bei ihren
sozialen Schwierigkeiten zu helfen. Beim Sport haben Menschen
die Möglichkeit, neue persönliche Beziehungen zu schaffen,
…Sport kann helfen Triebimpulse zu kontrollieren, bzw. zu
zivilisieren. Gewalttätige Gefühle können ohne nachteilige
Folgen ausgelebt werden.
Es lässt sich das Respektieren von Schwächen lernen, sowohl
der eigenen, als auch denen der anderen.
Sport fördert Selbstbewusstsein und durch Prinzipien des Fair-Play und der
Ritterlichkeit die positive Entwicklung des Menschen."

Dies kann man nur unterstreichen.

Es haben sich während der Zusammenstellung soziologischer Theorie und Praxis mehr als nur Hinweise darauf ergeben, dass Sport von großer Bedeutung für die Gesellschaft und die Integration von Individuen in die Gesellschaft sein kann.

Gerade in Zeiten der wirtschaftlichen und gesellschaftlichen Unsicherheit suchen Individuen nach Formen des Ausgleichs und der Kompensation.

Offensichtlich haben Migranten gerade über den Teilbereich Sport einen Zugang zur Gesellschaft gefunden.

Hier ist es ihnen möglich, ohne großen Aufwand und unabhängig von ihren sprachlich-kulturellen Kompetenzen, Erfüllung, Respekt und Anerkennung zu erleben und zumindest auf kleiner Ebene gesellschaftlichen Aufstieg zu erlangen.
Wohl auch deshalb sind sie hier, nicht wie in anderen Bereichen der Gesellschaft, gemäß ihren Bevölkerungsanteils repräsentiert.

Dabei spielen Sportvereine als Schmelztiegel eine wichtige Rolle.
Sie bieten die Plattform auf der unterschiedliche Kulturen, Sprachen und Nationen aufeinander treffen, sich kennen lernen, Hürden abbauen und im Wettkampfsport zur Erreichung sportlichen Erfolgs zusammenarbeiten.

Vereine sind wichtige Quellen gesellschaftlicher Kommunikation und sozialer Kontakte.
Über die Auseinandersetzung mit anderen Vereinsmitgliedern können aus vereinsinternen Kontakten häufig soziale, vereinsunabhängige Kontakte auf zum Teil freundschaftlicher Ebene werden.
Vereine sind somit ein Türöffner für den Zugang zum Leben in Kommune und Gesellschaft.

Sie ermöglichen auf wesentlich einfacherem Wege den Erwerb gesellschaftlich relevanter Kapitalien bzw. zeigen, über die Kontakte zwischen den Vereinsmitgliedern, Möglichkeiten auf, solche zu erwerben.

Frank Kalters Fußballstudie unterstreicht diese Erkenntnisse noch zusätzlich.

Entgegen des gesellschaftlichen Trends, wonach es für Migranten ohne gewisse sprachliche, kulturelle und intellektuelle Kompetenzen immer schwieriger wird, an gesellschaftlich wichtigen Positionen teilzuhaben, ist die Entwicklung im betrachteten Gebiet des Ligenfußballs genau gegenläufig.

Hier ist vielfach sogar eine Überrepräsentanz von Migranten, vor allem in den jüngeren Jahrgängen festzustellen.

Mangelnde gesellschaftliche Durchsetzungsfähigkeit wird scheinbar durch besonders große sportliche Leistungsfähigkeit und Talent auf der individuellen Ebene kompensiert.

Es könnte jedoch auch an der beschriebenen Einfachheit und Direktheit des Sports liegen, dass solche Ergebnisse ermittelt wurden.

Vielfach ist die Ausgangsbasis von Migranten in Bezug auf das Sporttreiben schlechter als in der einheimischen Vergleichsgruppe.

Es mangelt an elterlicher Unterstützung, das Einstiegsalter ist höher und die Zugangsmöglichkeiten sind weniger gut.

Dennoch gelingt ihnen eine zum Teil sehr große Teilhabe. Dies ist wirklich bemerkenswert.

Dies bestätigt sich auch im US-Sport. Hier sind die Schwarzen, als vergleichbar benachteiligte Gruppe, deutlich überrepräsentiert und haben eine mehr als angemessene Teilhabe am Sportgeschehen.

Auch wenn Diskriminierungen im US-Sport in den verschiedensten Bereichen festgestellt wurden, sind sie heute zum Teil nicht mehr feststellbar oder dabei zu verschwinden.

Die Praxisbeispiele belegen, dass die zu Beginn angenommene These, wonach Sport von hoher Transparenz und Chancengleichheit für alle ist, sich so nicht ganz bestätigen lässt.

Sport hat als Spiegel der Gesellschaft keine „weiße Weste", sondern weist in gewissem Maße dieselben Benachteiligungen und Diskriminierungstendenzen auf, wie die Gesellschaft in der er betrieben wird.

Entscheidend ist aber, dass Benachteiligungen und Diskriminierungen sportlichen Erfolg und die erfolgreiche Positionierung im Sport nicht verhindern können!

Im Gegensatz zur Gesellschaft, wo Mängel in Sprache und Bildung erfolgreiche Positionierung quasi ausschließen, haben diese Faktoren im Sport lediglich eine behindernde oder verzögernde Wirkung.

Alleine die sportliche Leistungsfähigkeit ist hier von Bedeutung für Erfolg und Misserfolg.

Doch nach wie vor gibt die Gesellschaft die Bedingungen für erfolgreiche Partizipation und soziale Anerkennung vor.

Dabei sind Sprachfertigkeiten, Bildungsniveau und Positionierung auf dem Arbeitsmarkt die zentralen Indikatoren an denen erfolgreiche Integration festgemacht wird.

Ohne oder mit nur schwachen Fähigkeiten in diesen Bereichen ist soziale Integration dauerhaft kaum möglich.

Dies wäre, wenn überhaupt, nur im Profisport der Fall, wohin es jedoch die wenigsten schaffen.

Trotz aller Möglichkeiten, die Sport den Individuen bietet, ist er für die allermeisten kein Heilmittel für gescheiterte gesellschaftliche Integration.

Er ist auf keinen Fall ein universeller Ausgleich und Ersatz für nicht oder nur gering vorhandene Fähigkeiten und Kenntnisse auf sprachlich-intellektueller Ebene.

Aber Sport kann, da er hauptsächlich auf der Hobby- und Vereinsebene betrieben wird, dennoch etwas an der Grundeinstellung von Einheimischen gegenüber Migranten (und umgekehrt) ändern und ein toleranteres Miteinander fördern.
So kann er dem einzelnen Migranten durchaus Hilfestellung bieten, Frustrationen kompensieren, Selbstbewusstsein stärken, Kontakte herstellen und Chancen gesellschaftlicher Teilhabe eröffnen, um somit auf der Mikroebene einen wichtigen Beitrag zur sozialen Integration zu leisten.

Gerade die Kontakte zu Einheimischen, die im Sport sehr leicht und unkompliziert entstehen, dürften von nicht zu unterschätzendem Wert für den Integrationsverlauf von Migranten sein.

Für die Soziale Arbeit ist es zu überlegen in wie weit Sport in interkulturelle/interethnische Projekte oder die Arbeit mit Migranten und benachteiligten Jugendlichen einbezogen werden kann.
Ich denke hier liegt möglicherweise noch viel zu oft der Blickpunkt darauf, Jugendliche und Erwachsene für Bildungssystem und Arbeitsmarkt fit zu machen.

Die Initiierung interethnischer Kontakte, die meiner Meinung nach von erheblicher Bedeutung für den Integrationsverlauf sind, könnte gerade durch Sport sehr leicht möglich sein.

Jugendliche gemäß ihren Neigungen in Sportvereine zu vermitteln, Kontakte zum Sport generell herzustellen oder selbst Sportgruppen, Teams und Turniere zu initiieren, könnten Erfolg versprechende Methoden sein.
Auf diese Weise haben Migranten die Chance sich selbst in einem neuen Umfeld zu erfahren, Kontakte zu knüpfen und Bestätigung zu erfahren.

Die Tatsache, dass sich Investitionsbereitschaft und Engagement im Sport so unmittelbar und direkt auszahlen, könnte vielleicht auch etwas an der allgemeinen Einstellung von Migranten gegenüber Bildungssystem und Arbeitsmarkt ändern, bzw. diese positiv beeinflussen.

Häufig fehlt solchen Menschen die Erfahrung, dass sich persönlicher Einsatz auch tatsächlich auszahlen kann.

Im Sport können sie diese Erfahrungen machen und sich genau die Motivation holen, die sie für ihr tägliches Leben brauchen.

10. Literaturverzeichnis

(Assion, 2005):

Assion, Hans-Jörg:

Migration und seelische Gesundheit.

Springer Medizin Verlag, Heidelberg 2005.

(bamf, 2007):

Bundesamt für Migration und Flüchtlinge.

Internetportal – Statistik-Downloads.

Link am 13.09.2007:

http://www.bamf.de/cln_011/nn_441244/DE/DasBAMF/Statistik/statistik-node.html?__nnn=true

(Baur, 2003):

Baur, Jürgen und Braun, Sebastian:

Integrationsleistungen von Sportvereinen als

Freiwilligenorganisation.

Meyer & Meyer Verlag, Aachen 2003.

(Broyles & Keen, 2005):

Philip Broyles, Bradley Keen:

Consumer Discrimination in the NBA Trading-Card Market.

The Sport Journal, Ausgabe 8, 2005.

Link am 23.10.2007:

http://www.thesportjournal.org/2005Journal/Vol8-No1/philips_broyles.asp

(Diehl, 2002):

Diehl, Claudia:

Die Partizipation von Migranten in Deutschland.

Leske & Budrich, Opladen 2002.

(Esser, 2006):

Esser, Hartmut:

Sprache und Integration – Die sozialen Bedingungen und Folgen des Sprach-
erwerbs von Migranten.

Campus Verlag, Frankfurt/Main,New York 2006.

(Esser, 2001):

Esser, Hartmut:

Integration und ethnische Schichtung.

Arbeitspapiere – Mannheimer Zentrum für Europäische Sozialforschung 2001.

(Heaton, 2005):

Paul Heaton:

White Men Can´t Jump? – Discrimination Evidence From Fantasy Sports
Leagues.

University of Chicago, 2005.

Link am 22.10.2007:

http://home.uchicago.edu/~psheaton/workingpapers/discrimination.pdf

(Juventa, 2005):

Migration und soziale Arbeit.

Ausgabe 3/4 2005.

Juventa Verlag, Weinheim 2005.

(Kahn, 1991):

Lawrence M. Kahn:

Discrimination in Professional Sports: A Survey of Literature.

Industrial and Labour Relations Review, Vol.44, No.3 .

Cornell University, USA, 1991.

Link am 23.10.2007:

https://secure.jstor.org/action/Receipt?token=n9ta8nqqer0xjjbh

(Kalter, 1999):

Kalter, Frank:

Ethnische Kundenpräferenzen im professionellen Sport?

Zeitschrift für Soziologie. Heft 3/1999.

Universität Bielefeld, 1999.

(Kalter, 2004):

Kalter, Frank:

Chancen, Fouls und Abseitsfallen – Migranten im deutschen Ligenfußball.

Westdeutscher Verlag, Wiesbaden 2003.

(Price & Wolfers, 2007):

Joseph Price, Justin Wolfers:

Racial Discrimination among NBA Referees.

Working Paper 13206

National Bureau of Economic Research

Cambridge, USA, 2007

Link am 22.10.2007:

http://bpp.wharton.upenn.edu/jwolfers/Papers/NBARace.pdf

(SPI, 2002):

Migrantenkinder in der Jugendhilfe.

Sozialpädagogisches Institut im SOS-Kinderdorf, München 2002.

(Vaz, 2004):

Fernandez Vaz, Alexandre:

Sport und Sportkritik im Kultur- und Zivilisationsprozess.

Sportwissenschaft im Dialog, Band 1.

Afra Verlag, 2004

(Weiß, 1999):

Weiß, Otmar:

Einführung in die Sportsoziologie.

WUV-Universitätsverlag, Wien 1999.

1070215

Printed in Germany by
Amazon Distribution
GmbH, Leipzig